EL PODER DE LOS NOMBRES DEL ESPÍRITU SANTO

Libros de Tony Evans publicados por Portavoz:

30 días a la victoria a través del perdón
30 días para derribar fortalezas emocionales
30 días para superar los comportamientos adictivos
Alcanza la victoria financiera
¡Basta ya de excusas!
¡Cuidado con esa boca!
Discípulos del reino
Héroes del reino
El matrimonio sí importa
Nunca es demasiado tarde
Oración del reino
Oraciones para la victoria en tu matrimonio
El poder de la cruz
El poder de los nombres de Dios
El poder de los nombres de Dios en la oración
El poder de los nombres de Jesús
El poder de los nombres del Espíritu Santo
Solo para esposas
Solo para esposos
Sexo… una relación diseñada por Dios
Victoria en la guerra spiritual
La vida en el reino

EL PODER DE LOS NOMBRES DEL ESPÍRITU SANTO

TONY EVANS

EDITORIAL PORTAVOZ

La misión de Editorial Portavoz consiste en desarrollar y distribuir productos de calidad —con integridad y excelencia—, desde una perspectiva bíblica y confiable, que animen a las personas a conocer y servir a Jesucristo.

THE POWER OF THE HOLY SPIRIT'S NAMES

Published by Harvest House Publishers
Eugene, Oregon 97408
www.harvesthousepublishers.com

Traducción: Rosa Pugliese
Imagen de la cubierta: © por Sentavio, Sandra_M / Shutterstock

Las cursivas añadidas en los versículos bíblicos son énfasis del autor.

EDITORIAL PORTAVOZ
2450 Oak Industrial Drive NE
Grand Rapids, MI 49505 USA
Visítenos en: www.portavoz.com

ISBN 978-0-8254-5047-1 (rústica)
ISBN 978-0-8254-7162-9 (Kindle)
ISBN 978-0-8254-7163-6 (epub)

1 2 3 4 5 edición / año 33 32 31 30 29 28 27 26 25 24

Impreso en los Estados Unidos de América
Printed in the United States of America

CONTENIDO

Reconocimientos

Quiero agradecer a mis amigos de Harvest House Publishers por su colaboración de toda la vida en la tarea de convertir mis pensamientos, estudios y predicaciones en libros. En particular, agradezco a Bob Hawkins por su amistad de largos años, así como por su búsqueda de la excelencia en el liderazgo de su empresa. También agradezco públicamente a Kim Moore y Jean Bloom por su ayuda en el proceso editorial. Y, además, agradezco a Heather Hair por su capacidad y conocimiento en la colaboración de este manuscrito.

INTRODUCCIÓN

El Espíritu Santo es el miembro más incomprendido, relegado, mal utilizado y menospreciado de la Trinidad. Por un lado, se lo ignora y, por otro lado, se lo lleva a un sensacionalismo ilegítimo. Ambos extremos contrarrestan o limitan su obra en y a través del pueblo de Dios. Por eso es importante que no solo conozcamos más al Espíritu Santo, sino que también conozcamos cómo es en verdad.

El Espíritu tiene un rol central en la vida del creyente y en el fortalecimiento de la iglesia, con la función distintiva de hacer que, tanto el creyente como la iglesia, experimenten la realidad y la verdad de Dios. Y debido a que Él posee emociones, intelecto y voluntad, debemos tratar con Él a un nivel personal. Necesitamos *conocerlo*, no solo verlo como una fuerza o un poder para manipular o utilizar. Aunque el Espíritu es inmaterial, intangible e invisible, aun así, es real y relacional.

Al igual que con los otros dos miembros de la Trinidad, una de las mejores maneras de comprender, apreciar y beneficiarse de la persona del Espíritu Santo es estudiar los nombres y las descripciones de los atributos aplicados a Él en las Escrituras, porque explican cómo Él vive esos roles en nosotros, a través de nosotros y para nosotros.

Mi primer objetivo en este libro, pues, es identificar, explicar e ilustrar al Espíritu Santo y su obra a través de tales descripciones y sus nombres. Por cierto, aunque no siempre escribo algunos de los nombres y ciertas descripciones del Espíritu Santo en mayúsculas como nombres propios (como tampoco aparecen así en las Escrituras o al menos en algunas versiones o paráfrasis de la Biblia), aun así, son tan importantes para nuestro estudio como si fueran nombres propios.

El segundo objetivo es mostrar a los creyentes cómo relacionarse con la persona del Espíritu Santo de una manera más personal e íntima. Y el tercer objetivo es aprender a aprovechar al máximo todas las promesas del Espíritu para nuestra vida física, nuestra vida emocional y, lo que es más importante, nuestra vida espiritual. Cuando comprendemos cómo hacerlo, podemos aprovechar al máximo su existencia para obtener un crecimiento e influencia a nivel individual y colectivo.

Cuando conocemos al Espíritu (insisto, no solo un poco más, sino cómo es en verdad) podemos aprovechar más personalmente cada una de las maneras únicas en las que Dios se revela a nosotros. Por eso, todos debemos entender que, cuanto más tomemos en serio la persona y la obra del Espíritu Santo, más experimentaremos a Dios.

1

EL AYUDADOR

Apenas dos meses después que falleciera la que fue mi esposa durante casi cincuenta años, tenía programado filmar un estudio bíblico en Sedona, Arizona. En los años previos a que se enfermara, Lois y yo disfrutábamos cuando teníamos que viajar a varios lugares del país para la filmación de estos estudios. Nos permitía tener un tiempo muy necesario para visitar lugares hermosos y, al mismo tiempo, me permitía trabajar. Había llegado a esperar esos viajes porque ella estaba conmigo.

Sin embargo, este viaje sería diferente. Esta filmación sería difícil. Este acto de fe, de mi parte, tomaría todo lo que tenía en mí para llevarlo a cabo.

Había aconsejado a suficientes personas durante mis cuatro décadas como pastor para saber que tenía que ir. Necesitaba seguir el mismo consejo que les había dado a tantos otros a lo largo de los años. Tenía que crear nuevas experiencias, que me permitieran sanar durante este tiempo de duelo, en lugar de permanecer atado por un lazo emocional. Sin embargo, también aconsejé a suficientes personas para saber que hacerlo nunca es fácil. Y tomar plena consciencia de esta verdad me golpeó mientras caminaba por el pasillo del aeropuerto para tomar mi vuelo por primera vez sin Lois.

Comencé a caminar solo, a acarrear mi equipaje solo. Caminaba con la cabeza baja y mi corazón hundido en mi pecho. Y, cuanto más avanzaba, más me desanimaba y más me deprimía hasta el punto de que se me llenaron los ojos de lágrimas. No quería irme sin ella. No quería "crear nuevas experiencias" si Lois no sería parte de ellas. Tampoco tenía ganas de enseñar sobre la Biblia en ese momento.

No obstante, pronto descubriría que, aunque caminaba solo, no estaba solo. El Espíritu Santo estaba conmigo. Y como el Espíritu Santo siempre sabe qué hacer, vino a mi encuentro justo con lo que necesitaba para seguir adelante.

Mientras caminaba a paso cada vez más lento, se me acercó una pareja de mediana edad que nunca antes había visto. Eran totalmente desconocidos para mí, pero, como supe después, me escuchaban por la radio. Y, aunque se me suelen acercar personas en los aeropuertos para saludarme o decirme que me escuchan por radio, esta pareja era diferente. No iniciaron la conversación mencionando eso. No me contaron su historia. No me pidieron una foto. Solo me preguntaron si podían orar por mí.

"Sí, por supuesto", respondí, al darme cuenta de que sin duda Dios los había enviado.

Me abrazaron y yo los abracé también. La mujer comenzó a llorar y el hombre comenzó a orar. Nunca olvidaré sus palabras: "Señor, creemos que hoy nos has traído hasta nuestro hermano para orar por él. No creemos que hayamos pasado por aquí por casualidad. Sea cual sea la ayuda y el consuelo que necesite, para lo que sea que esté enfrentando en vista de lo que le ha sucedido y lo que está atravesando, oro para que tu Espíritu lo levante y le dé esa ayuda y consuelo que necesita en este momento".

El caballero terminó su oración, y luego los tres nos abrazamos. Después de agradecerles y escuchar algunas de sus amables palabras en referencia a los años que hacía que me escuchaban predicar y para darme sus condolencias por mi difunta esposa, Lois, continué mi camino con más fortaleza que la que había tenido momentos antes. Había conducido hasta el aeropuerto completamente desanimado. Había entrado a la terminal del aeropuerto completamente deprimido. Sin embargo, el Espíritu Santo sabía que necesitaba ayuda, y en el momento y el lugar correctos, envió a las personas adecuadas para que vinieran y me levantaran en oración para poder seguir adelante.

Pude dar la enseñanza en Sedona como estaba planeado. Y aunque fue, por mucho, una de las cosas más difíciles que he tenido que hacer, el tema de conocer a Dios resultó ser alentador para mí mientras lo enseñaba. En condiciones de esta pérdida irreparable, mientras permanecía obediente a Él a pesar del dolor que sentía, Dios quitó varias capas de dolor y angustia para ayudarme a percibir su presencia por medio de su Espíritu tal como lo necesitaba.

De hecho, cuando llegué al hotel donde me hospedaría, una mujer allí también me dio palabras de ánimo. Una empleada del hotel, que escuchó mi nombre cuando iba a registrarme, me saludó personalmente, me expresó sus condolencias y me hizo saber que ella también oraría por mí.

DIOS ENVÍA AL AYUDADOR

El Espíritu Santo sabe lo que necesitas y cuándo lo necesitas, especialmente cuando necesitas aquello —y a Él— más que nunca. Después de todo, cada uno de nosotros enfrentamos momentos en los que estamos deprimidos; cuando tenemos, por así decirlo, un bajón.

Cuando los jugadores de béisbol tienen un bajón, atraviesan un período prolongado de tiempo en el que no pueden hacer un buen batazo. Juego tras juego siguen la rutina prescrita, pero cada vez que se ponen en posición para batear parecen alimentar la profecía autocumplida que se ha arraigado en sus mentes. Batean un roletazo, una bola alta o una volea una y otra vez. Peor aún, podrían "poncharse" o quedar eliminados en su turno de batear. No importa cuánto lo intenten, no pueden avanzar a una base, y mucho menos hacer un jonrón. A veces incluso los transfieren a las ligas menores hasta que descubren cómo superar ese bajón.

Ya sea que la rutina haga surcos tan profundos que nos arrastren a una depresión mental o que lleguemos a experimentar lo que sentimos como un dolor debilitante, los bajones nos suceden a todos. Son momentos carentes de alegría. Cuando la liberación parece distante. Cuando la fuerza parece haberse agotado. Tal vez lo que esperabas que sucediera no ha sucedido, al menos no todavía. Continúas caminando hacia la base de lanzamiento, bate en mano, solo para golpear el aire y quedar eliminado. Ya no te estás conectando con lo que realmente importa.

Jesús sabía que todos enfrentaríamos depresiones espirituales. Sabía que habría días, semanas o incluso años en que su pueblo se sentiría desconectado. Sabía que esto le sucedería especialmente a su propio grupo de discípulos cercanos cuando lo crucificaran y luego los dejara físicamente. Por eso los llamó y se reunió con ellos en un aposento alto y apartado, donde les habló sobre lo que planeaba hacer al respecto. Quería darles las herramientas para que siguieran adelante incluso cuando ya no estuviera físicamente con ellos.

Jesús también sabía que sus discípulos estaban tristes. Podía verlo en sus rostros y escucharlo en sus voces. Por eso comenzó a decirles palabras tranquilizadoras: "No se turbe vuestro corazón", les aseguró (Juan 14:1). Continuó hablando acerca de su partida y les explicó que se adelantaría para preparar un lugar para ellos.

A continuación, Jesús les presentó la persona y la obra del Espíritu Santo al señalarles: "Y yo rogaré al Padre, y os dará otro Consolador [Ayudador], para que esté con vosotros para siempre: el Espíritu de verdad, al cual el mundo no puede recibir, porque no le ve, ni le conoce; pero vosotros le conocéis, porque mora con vosotros, y estará en vosotros" (Juan 14:16-17).

Jesús presenta el Espíritu Santo a sus discípulos a través de la interesante expresión *otro Consolador* [*Ayudador*]. Estudiemos a fondo el nombre del Espíritu como *Ayudador*, pero primero veamos la palabra *otro*.

Durante ese período en la cultura bíblica, se usaban dos términos griegos comunes cuando se hacía referencia a otro, pero Jesús usó intencionalmente el indicativo de la misma naturaleza o de la misma especie. Eso era para enfatizar la realidad de que, aunque Él los dejaría, Dios enviaría a alguien exactamente como Él para ayudarlos cada día, semana, mes y año venidero. Al ser similar, Él, el Espíritu Santo, también tendría todos los atributos de la deidad de Cristo.

Los discípulos no estaban completamente familiarizados con el concepto de la Trinidad en ese momento, por lo que la presentación del Espíritu Santo probablemente los tomó por sorpresa. Como mencioné en la introducción de este libro, el Espíritu Santo es la tercera persona de la Trinidad. Dios es un Ser trino. Existe como Dios Padre, Dios Hijo y Dios Espíritu Santo. Si bien existe como un solo Dios, también consta de tres personas iguales que son una en esencia y al mismo tiempo distintas en función y personalidad.

A menudo lo ilustro conceptualmente mediante un *pretzel* que tiene tres orificios. El primer orificio no es el segundo orificio. Tampoco el segundo orificio es el tercer orificio. Sin embargo, todos están unidos por la misma masa. En otras palabras, Dios el Padre, Dios el Hijo y Dios el Espíritu comparten las mismas características y los mismos atributos divinos sin ser iguales en su personalidad.

De manera similar, somos testigos de las tres personas distintas de la Trinidad, cada una de las cuales asume un rol visible más destacado en los diferentes momentos del relato continuo de las Escrituras. Mediante la analogía de un periódico, en el Antiguo Testamento, Dios Padre está en la primera plana. Su voz es la que más escuchamos y sus acciones son las que más vemos realizadas. En los Evangelios, Jesús es noticia de primera plana. Es la superestrella. Vemos referencias a Dios el Padre, pero Jesús "tiene más visibilidad".

Sin embargo, desde el libro de los Hechos en adelante, el Espíritu Santo aparece en los titulares. Es Aquel a quien llegamos a conocer más, a medida que Él obra con y a través de cada persona e iglesia para llevar el poder de Dios, la persona de Cristo y la prioridad del evangelio al mundo.

Las transiciones siempre son difíciles y una ausencia inminente las hace aún más duras. Jesús sabía eso. Sabía lo que sus discípulos estaban a punto de experimentar. Al hablarles del Espíritu Santo, estaba tratando de suavizar la transición que se avecinaba. Trataba de asegurarles que, aunque ya no estaría con ellos físicamente, en su ausencia, Dios enviaría a Alguien de su misma esencia. Alguien tan similar a Él que no necesitarían temer el enorme vacío que podría producir su partida.

Jesús incluso les habló de manera cariñosa: "No os dejaré huérfanos; vendré a vosotros" (Juan 14:18).

Quizá sepas lo que es ser huérfano. O sabes lo que es tener padres que están ausentes emocionalmente o, incluso, en gran medida físicamente, aunque eso no te convierta oficialmente en un huérfano. Sabes lo que es crecer sin la protección de los padres y lo indefenso que te deja frente a los engaños y las trampas de este mundo.

Jesús sabía que sus discípulos se sentirían abandonados cuando Él se fuera. Se sentirían como si hubieran perdido a un padre, a un entrenador o a un líder; pero quería que supieran que no iba a dejar solos a sus seguidores en este mundo malvado, enfermo y pecaminoso. No los estaba dejando a merced de los lobos. Nunca haría eso a sus discípulos y tampoco a ti ni a mí. Más bien, nos dejó a todos en las manos idóneas y el corazón sensible del Espíritu Santo.

El rol del Espíritu Santo a partir de ese momento era actuar en nombre de Jesús tal como Jesús actuó en nombre del Padre cuando vino a la tierra. Él, el Espíritu Santo, fue enviado para hacer la voluntad del Padre y del Hijo entre los que se salvan. Así como cada computadora conectada en red con otras puede leer y transferir información a las otras computadoras, el Padre, el Hijo y el Espíritu, que comparten la misma naturaleza divina, no necesitan adivinar la voluntad de los otros dos. Su conocimiento mutuo de la persona y los deseos de cada uno es innato en ellos tanto como el conocimiento de su propia persona y sus propios deseos.

Por eso nunca tienes que preocuparte por si el Espíritu entendió el mensaje cuando diriges tus oraciones al Padre. Y nunca tendrás que preguntarte si Dios también escuchó, si clamaste a Jesús. El Dios trino está tan interconectado, que los tres operan sincronizados en todo momento.

Sin embargo, así como las tres personas distintas de la Trinidad desempeñan roles únicos, también manifiestan atributos únicos (a menudo resaltados o enfatizados por sus "nombres"). Y eso, finalmente, nos lleva al primer nombre del Espíritu Santo que queremos estudiar tal como Jesús lo explica al presentar al Espíritu a sus discípulos, un nombre con el que estoy seguro de que estás familiarizado, y el nombre que más necesité durante los primeros años después del fallecimiento de mi esposa: el Ayudador.

JESÚS EXPLICA

Jesús se refiere al Espíritu como el Consolador (o Ayudador). Y lo llama así cuatro veces en tres capítulos para sembrar tanto el nombre como el concepto de su obra y presencia en el corazón y la mente de sus discípulos, así como en los nuestros.

> Y yo rogaré al Padre, y os dará otro Consolador [Ayudador] (Juan 14:16).
>
> Mas el Consolador [Ayudador], el Espíritu Santo, a quien el Padre enviará en mi nombre, él os enseñará todas las cosas, y os recordará todo lo que yo os he dicho (Juan 14:26).
>
> Pero cuando venga el Consolador [Ayudador], a quien yo os enviaré del Padre, el Espíritu de verdad, el cual procede del Padre, él dará testimonio acerca de mí (Juan 15:26).

> Pero yo os digo la verdad: Os conviene que yo me vaya; porque si no me fuera, el Consolador [Ayudador] no vendría a vosotros; mas si me fuere, os lo enviaré (Juan 16:7).

Una y otra vez, leemos que el rol del Espíritu Santo es el de ayudar. La palabra original en griego es *parakletos*. La palabra *parakletos* está llena de significado para hacer referencia a alguien que tiene un don excepcional para estar al lado de otro y ayudarlo. Cuando Jesús vino a la tierra, estuvo al lado de los discípulos para ayudarlos en los distintos retos que enfrentaron, incluso en las dificultades cotidianas. Por ejemplo, cuando tuvieron hambre, les proporcionó comida. Cuando estuvieron cansados, les dio descanso. Y luego, cuando tuvieron miedo, calmó sus emociones. En los momentos de lucha, les dio paz.

Sea lo que sea que enfrentaran sus discípulos, Jesús los ayudó a enfrentarlo, pero como Él se iba, ya no tendrían su ayuda física cerca, sino que tendrían la ayuda del Espíritu Santo.

Algunas versiones de la Biblia no usan la palabra *Ayudador*, sino *Abogado* o *Consolador*. Esto se debe a que el término griego *parakletos* incluye al Espíritu en todas estas necesidades de "ayuda" según cada situación. Dios dispuso que los escritores del Nuevo Testamento definieran, por inspiración divina, al Espíritu Santo de acuerdo con este nombre en particular porque puede adaptarse a una variedad de circunstancias y necesidades. Es un término flexible, tan variable que refleja con mayor precisión la capacidad del Espíritu Santo para ayudarnos en tiempos de necesidad.

Si estás deprimido, el Espíritu Santo puede ayudarte con aliento. Si estás desanimado, puede ayudarte con nuevas fuerzas. Si tienes miedo, puede ayudarte a calmar tus miedos. Si estás luchando, puede incluso aliviar tu lucha. Y si estás solo, el Espíritu Santo puede ser tu amigo. Puede adaptarse a cualquier situación en la que te encuentres y conforme a lo que necesites.

De hecho, es posible que lo necesites de una manera hoy, pero mañana de una manera completamente diferente. Y está bien, porque este nombre, *Ayudador*, se aplica a todas las situaciones. Es la provisión de Dios, en lugar de Jesús, para ir a tu encuentro en tu momento de necesidad.

Lo que es más, el *parakletos* da por sentado que hay un problema y, por lo tanto, que existe una necesidad de ayuda. Así que pregunta, *¿Cómo puedo ayudarte?* Se acerca al problema en cuestión. Viene con su presencia, porque, desde la distancia, no se puede ofrecer ayuda tangible.

NO ESTÁS SOLO

El Ayudador que Jesús nos presenta en este pasaje del Evangelio de Juan está lo suficientemente cerca para ayudar de veras cuando más lo necesitas. Como vimos anteriormente en Juan 14:17, Jesús dijo: "Vosotros le conocéis, porque mora con vosotros, y estará en vosotros". El Espíritu Santo está lo suficientemente cerca como para estar contigo de una manera experiencial. Está a tu lado, como un auxiliar o un compañero. No solo eso, sino que además está en ti. Esto significa que el Espíritu Santo camina *a tu lado* y, al mismo tiempo, hace su morada *dentro* de ti. Y si bien puedes sentirte solo a veces en tu vida, esta realidad de la cercanía del Espíritu Santo, tanto cerca como dentro de ti, significa que nunca estás realmente solo.

Satanás quisiera que te olvidaras de eso. Le gustaría que te sintieras aislado y sin ayuda. Y cuando te sientes así, es fácil rendirte y perder la esperanza, pero cuando recuerdas la cercanía de la ayuda que Dios te ha dado, sabes que puedes superar cualquier cosa que la vida te depare, sin ninguna duda. No estás solo.

Como cristiano, nunca has estado solo. Desde el momento en que aceptaste a Jesucristo como tu Salvador para perdón de tus pecados, tienes la compañía del Espíritu Santo tanto externa como interna. La razón por la que Él está presente en ambas áreas es que, según la situación, puedes necesitar ayuda en ambas áreas de tu vida al mismo tiempo. Ya sea que estés enfrentando algo en tus circunstancias externas o estés luchando con pensamientos o emociones internas, el Espíritu Santo se ha posicionado para estar disponible cuándo y dónde más lo necesites.

EL AYUDADOR COMO CONSOLADOR Y ABOGADO

Anteriormente, mencioné dos formas de ayuda espiritual que nos ofrece el Espíritu Santo; nuevamente, ambos nombres provienen del término flexible *parakletos*: Abogado y Consolador. Veamos de qué se tratan.

Después de perder a mi esposa, el rol de ayuda específico que más necesitaba del Santo Espíritu fue el de Consolador. No solo por mi soledad en esas primeras horas de la mañana, en las noches de insomnio y en las tardes cuando las manecillas del reloj parecían moverse muy lentamente, sino que también necesitaba consuelo por el dolor que sentía por la pérdida. Estoy seguro de que has atravesado una situación en la que también necesitaste este consuelo.

La mayoría de nosotros tenemos un cobertor que llamamos edredón en nuestra cama o al menos bastante cerca para que esté disponible cuando lo necesitemos. Un edredón suele ser suave, acolchado y lo suficientemente grande como para envolvernos completamente en él, y resulta útil especialmente en las noches o días fríos. Sin embargo, los edredones no se usan solo cuando hace frío. Tuve que usar mucho el mío después de la muerte de Lois porque ya no tenía el calor físico de su presencia, que había llegado a conocer como una segunda naturaleza durante casi cinco décadas. Necesité un edredón todas las noches durante esos primeros meses, aunque no hiciera frío.

El Espíritu Santo como Consolador ha venido a traernos la presencia de Dios ahora que la presencia de Jesús ya no está en la tierra. Ya sea que estemos pasando por un período de frío emocional o espiritual o incluso físico, el Consolador está lo suficientemente cerca para alcanzar y envolver nuestro corazón y nuestra alma con su presencia y así hacernos saber que no estamos solos. Debido a que Jesús ascendió al tercer cielo y ya no está con nosotros en forma física en la tierra, el Espíritu Santo tiene la misión de consolarnos en nuestros momentos de soledad y necesidad.

Otro nombre que puede derivar del término *parakletos* es *Abogado*. Un abogado es alguien que defiende tu caso, similar a lo que hace un abogado defensor en un tribunal. Cuando el Espíritu Santo se manifiesta como Abogado en tu vida, viene con la capacidad de defenderte cuando se hacen acusaciones en tu contra. Está allí como tu abogado cuando las situaciones o circunstancias que Satanás provoca tienen como objetivo destruirte.

Los abogados legales siempre ingresan a un sistema legal para intervenir en nombre de aquellos a quienes representan, y el Espíritu Santo no es diferente. Como Abogado, interviene por nosotros cuando necesitamos que Él haga precisamente eso.

LA NATURALEZA DEL ESPÍRITU

Como descubriremos a lo largo de este libro, el Espíritu Santo puede intervenir de distintas maneras porque es un Ser inmaterial. Jesús vino a la tierra como un Ser material y físico. Mientras estuvo aquí, podía ir solo a ciertos lugares y hacer solo ciertas cosas debido a las limitaciones físicas. Sin embargo, debido a que el Espíritu Santo no es material, puede estar en todos los lugares al mismo tiempo. Te puede estar ayudando al mismo tiempo que me está ayudando a mí. Te puede estar hablando al mismo tiempo que me está hablando a mí. Te puede estar defendiendo al mismo tiempo que me está defendiendo a mí.

El Espíritu Santo, como tercera persona de la Trinidad, no es una "cosa". No es solo un "poder" para encender y usar, aunque luego veremos que el poder es uno de sus atributos. Es una persona presente tanto al lado como dentro de nosotros. Y como persona, desea que te relaciones con Él tanto como cualquier otra persona quisiera que te relaciones con ella.

También posee intelecto, emoción y voluntad. No es un robot al que puedes presionar un botón y te obedece. No es una inteligencia artificial. El Espíritu Santo es un Ser relacional formado de una esencia inmaterial para morar junto a ti y en ti a lo largo de tu vida.

Una de las razones por las que no somos testigos de su ayuda tanto como podríamos serlo es que lo hemos relegado a un estado robótico. Lo hemos visto como algo para usar, no como Alguien para conocer. Si alguien solo quiere usarte y no muestra un interés claro por ti, sabes que tu corazón se aleja de él y no quieres ayudarlo. Sin embargo, así es a menudo como nos relacionamos con el Espíritu Santo.

Analizaremos cómo afecta eso su capacidad de ayudarnos en el capítulo 2, pero lo que quiero enfatizar aquí es que con demasiada frecuencia los creyentes solo quieren usarlo a su antojo. Y a menos que tú y yo realmente entendamos y descubramos cómo relacionarnos con el Espíritu y comprometernos con Él, nunca experimentaremos plenamente los beneficios que Él pone a nuestra disposición.

El Espíritu Santo puede hacer mucho. Puede guiarnos. Puede ayudarnos a orar. Trae cosas a nuestra mente y nos ayuda a recordarlas, nos enseña, nos convence, nos fortalece. El Espíritu también escudriña las cosas profundas de Dios y las trae a nuestra conciencia. Y, cuando lo hace, puede traer pensamientos a nuestra mente que no hubiéramos pensado por nuestra propia cuenta. Puede darnos ideas que jamás se nos hubieran ocurrido. Puede conectarnos con personas que ni siquiera conocíamos o abrir puertas que ni siquiera teníamos la capacidad de tocar.

Todo esto sucede cuando aprendemos a "andar en el Espíritu", como en una relación permanente con Él.

¿QUÉ SIGNIFICA PERMANECER EN EL ESPÍRITU?

El concepto de permanecer aparecerá en este libro más de una vez, y me gusta describirlo haciendo una comparación con beber té. Muchos de nosotros solo tenemos una relación de "visita" con el Espíritu; lo invocamos solo cuando estamos en problemas. Cuando no tenemos ningún problema, no permanecemos en relación con Él. Sin embargo, permanecer es como dejar que la bolsita de té se remoje en agua hirviendo. Cuando la bolsita de té permanece en el líquido caliente, el agua adquiere el sabor y la naturaleza del té. No obstante, cuando alguien solo sumerge su bolsita de té en el agua unos segundos sí y otros segundos no, como muchos de nosotros hacemos en nuestra relación con el Espíritu, el té no tiene la oportunidad de expresar todo su sabor en el agua.

Permanecer en el Espíritu significa que andas con Él. Significa que Él está involucrado en toda tu vida. Estás relacionado con Él todo el tiempo. Por eso, la Biblia nos exhorta a "[orar] sin cesar" (1 Tesalonicenses 5:17). No significa que debemos arrodillarnos y estar siempre en esa postura física de oración. Más bien, significa que debemos llevar el Espíritu de Dios a todo lo que hacemos. Ya sea que estemos conduciendo, trabajando, comprando o pasando tiempo en familia o en un entretenimiento, debemos conversar con el Espíritu Santo (orar) sin cesar. Debemos hablar con el Espíritu Santo en todo momento.

Cuando procedemos de esta manera, mantenemos el canal abierto para escuchar su voz que nos diga adónde debemos ir, qué debemos decir y cómo, y qué decisiones debemos tomar. No importa si se trata de un asunto importante o insignificante.

Si te tomas en serio experimentar la obra del Espíritu en cada circunstancia de tu vida, entonces debes permanecer intencionalmente con Él. Por eso, Gálatas 5:16 señala que debemos "[andar] en el Espíritu". Por lo que sé, andar es una acción, no una actividad pasiva. Para andar, debes decidir mover las piernas y caminar. Decides en qué dirección irás y luego vas.

De igual manera, no tratas de relacionarte con el Espíritu Santo con el simple reconocimiento pasivo de su presencia. No, tienes que andar en el Espíritu. Tienes que moverte. Tienes que decidir relacionarte con Él de manera intencional. Y cuando andas en el Espíritu vas a Dios.

Veremos todo eso más de cerca en las próximas páginas, así como también de cómo dar participación al Espíritu en nuestra vida, pero todo se reduce a poner peso sobre tus piernas espirituales y ejercitar tus músculos espirituales.

Ahora bien, desde luego, tus músculos espirituales pueden haberse debilitado durante largos períodos de tiempo sin usarlos. De manera que, así como debes ejercitar tus músculos o ligamentos atrofiados o tensos en una terapia física y *seguir usándolos*, debes ejercitar tus músculos espirituales y *seguir usándolos*. Solo con su uso continuo fortalecerás la conexión de tu espíritu con el Espíritu Santo que Dios ha puesto en ti.

Andar no es simplemente dar un solo paso, sino que siempre implica un paso tras otro. Andar en el Espíritu no es distinto. No se trata solo de leer un versículo de la Biblia al día para mantener alejado al diablo. Es un movimiento continuo hacia Dios mediante pasos dados para buscar la presencia del Espíritu en tu vida. Cuando lo hagas, desatarás el poder del Espíritu Santo en ti de una manera que jamás imaginaste. Accederás a la abundancia de todo lo que el Espíritu Santo puede dar.

Mientras continuamos recorriendo estas páginas juntos, sé intencional en tu búsqueda por conocer al Espíritu y los atributos que irradia. No dejes esto para el final… o solo para cuando tengas ganas. Haz del conocimiento del Espíritu Santo una prioridad. Permanece en Él. Cuando lo hagas, Él te dará la fuerza, la motivación y el deseo de seguir adelante. Tu relación con el Espíritu Santo es recíproca: tú con Él y Él contigo. Muévete hacia el Espíritu y observa lo que Él hará.

2

LA PALOMA

A medida que conocemos los nombres y atributos del Espíritu Santo, y cómo cada uno de ellos refleja su relación con nosotros de innumerables maneras, insisto, es importante recordar que Él es una persona para conocer, no solo un poder para usar. A menudo olvidamos eso porque el Espíritu Santo no se presenta en un cuerpo humano como lo hizo Jesús. No obstante, el siguiente nombre que estudiaremos, la Paloma, toma cierta forma de expresión en un cuerpo, aunque no en un cuerpo humano.

En Lucas 3:22 leemos: "Descendió el Espíritu Santo sobre él en forma corporal, como paloma, y vino una voz del cielo que decía: Tú eres mi Hijo amado; en ti tengo complacencia". Aquí, "él", por supuesto, es Jesús.

En este versículo, el médico Lucas señala que el Espíritu apareció "en forma corporal", como una paloma. Esta idea, que solo nos expresa Lucas, ya que los otros tres Evangelios no mencionan el término *forma corporal*, revela que el Espíritu puede aparecer en nuestra vida en forma física. Puede tomar forma de sustancia en la tierra, como una paloma o un ser humano o cualquier otra cosa que desee para presentarse.

Tuve un pequeño indicio de esta verdad al principio de mi proceso de duelo después de perder a Lois por cáncer. Mientras lidiaba con el peso de la pérdida durante todo el día y las horas de la noche, sentía el agotamiento y el conflicto emocional especialmente cada mañana.

Nunca olvidaré una mañana en particular. No tenía mucho que hacer porque sucedió durante las fases iniciales del confinamiento por COVID-19 en 2020. Mi agenda estaba relativamente vacía y me encontraba muy aburrido en medio del dolor del duelo, cuando recibí una llamada telefónica de un amigo del norte de Dallas. Me preguntó si podía traerme el almuerzo en algunas horas, y acepté su amable oferta.

Cuando llegó, me dijo que Dios me había puesto en su mente y en su corazón de tal manera que no podía ignorarlo. Sabía que necesitaba acercarse, traerme algo y ofrecerse a orar por mí.

Ahora bien, aunque mi amigo definitivamente era y sigue siendo un ser humano, creo que ese día el Espíritu Santo se me apareció a través de él. Ese fue un momento en que el Espíritu tomó "forma corporal, como paloma" para mí, justo cuando más lo necesitaba. Dios sabe lo que necesitamos y cuándo lo necesitamos, al mismo tiempo que satisface esa necesidad a través del ministerio del Espíritu Santo como una ayuda, sí, pero también, a veces, como una "paloma".

Dios escogió una paloma para que Noé la enviara a fin de saber si las aguas habían bajado después del diluvio (Génesis 8:9-12). Cuando la paloma regresó, Noé vio que no había tenido lugar donde posarse, pero la próxima vez que la envió, volvió con una rama de olivo en la boca. Entonces Noé supo que las aguas habían bajado lo suficiente como para que creciera la vegetación. La paloma regresó a su entorno familiar de la barca, pero trajo consigo un testimonio de restauración para que todos lo vieran.

Por eso, a menudo vemos la imagen de una paloma con una rama de olivo ligada a eventos o debates que implican acuerdos o restablecimiento de paz. La paloma simboliza el final del juicio y el comienzo de un nuevo día de bendición y libertad, que nos recuerda que algo nuevo nos espera cuando estamos saliendo de un mal momento. Es la forma en que Dios nos hace saber que, si bien puede haber tenido lugar un juicio, la restauración es inminente.

Encontramos una imagen similar en el relato de la creación. Leemos que, mientras Dios procedía con la creación del mundo, "el Espíritu de Dios se movía sobre la faz de las aguas" (Génesis 1:2). Como una paloma que surca los cielos, el Espíritu sobrevolaba para poner orden en el caos que había debajo. Entonces, una de las razones por las que deberíamos querer una relación cercana con el Espíritu es porque Él puede poner orden en el caos.

DESCANSA COMO UNA PALOMA CON LA PALOMA

Debido a que las palomas son una de las aves más sensibles de la creación de Dios, es interesante notar que, cuando el Espíritu Santo descendió sobre Jesús como paloma, se posó sobre Él. Las palomas que se acercan a los comederos para aves o a los árboles de tu jardín son las primeras aves que vuelan cuando tú sales afuera. Dios, por supuesto, conocía esta sensibilidad cuando eligió descender a la tierra como Espíritu Santo en la forma corporal de una paloma.

Entonces, que la paloma se haya sentido tan libre para posarse sobre Jesús dice mucho. Una paloma no se arrimará a ningún conflicto, ya sea que lo sienta o lo presencie; sino que se posará solo donde sienta completa paz y seguridad.

Por eso es significativo que descendiera sobre Jesús una paloma como símbolo de la afirmación del Padre, y se posara sobre Él cuando el Padre dijo: "Tú eres mi Hijo amado; en ti tengo complacencia" (Lucas 3:22).

Una de las razones por las que Satanás busca mantenernos en estado de caos es para que el Espíritu Santo no pueda funcionar a su máxima capacidad. En lugar de descender y permanecer en presencia del caos, el Espíritu Santo saldrá volando, tal como lo haría una paloma. Esto se debe a que la sensibilidad del Espíritu se impone y tiene que retirarse.

Así como el Padre no mora en una atmósfera de desunión, el Espíritu Santo no mora en una atmósfera de caos o pecado.

La ilustración bíblica de una paloma transmite descanso y calma. Como escribió David en el Salmo 55:6: "¡Quién me diese alas como de paloma! Volaría yo, y descansaría". Esta imagen de la paloma que vuela hacia un lugar de descanso despierta esperanza en nuestro corazón.

También nos recuerda que una de las razones por las que muchas veces sentimos que Dios está lejos es que elegimos movernos en un ambiente donde su Espíritu Santo no se siente cómodo. Esto sucede en nuestros hogares, matrimonios, amistades, iglesias y entornos laborales y, especialmente, en nuestros pensamientos. Cuando el ambiente huele a caos, confusión y conflicto, el Espíritu Santo vuela hacia donde se siente cómodo. Su presencia descendió para "[cumplir] toda justicia" (Mateo 3:15), es decir, que no puede funcionar donde prevalece el mal.

Si quieres experimentar la presencia del tercer miembro de la Trinidad reposando sobre ti con su paz y su presencia, debes crear un ambiente donde Él se sienta cómodo. Debe sentirse como en casa en ti, capaz de relajarse porque su función es la de promover y fomentar la paz. No puedes tenerlo de ambas formas. No puedes vivir totalmente en el Espíritu mientras también vives totalmente en el pecado. Son necesarias ciertas condiciones para que el Espíritu Santo haga su morada en ti y te ofrezca la paz y la presencia que anhelas.

En Efesios 4:25-32, leemos acerca de algunas de estas condiciones necesarias para fomentar un ambiente adecuado para que el Espíritu obre:

> Por lo cual, desechando la mentira, hablad verdad cada uno con su prójimo; porque somos miembros los unos de los otros. Airaos, pero no pequéis; no se ponga el sol sobre vuestro enojo, ni deis lugar al diablo. El que hurtaba, no hurte más, sino trabaje, haciendo con sus manos lo que es bueno, para que tenga qué compartir con el que padece necesidad. Ninguna palabra corrompida salga de vuestra

> boca, sino la que sea buena para la necesaria edificación, a fin de dar gracia a los oyentes. Y no contristéis al Espíritu Santo de Dios, con el cual fuisteis sellados para el día de la redención. Quítense de vosotros toda amargura, enojo, ira, gritería y maledicencia, y toda malicia. Antes sed benignos unos con otros, misericordiosos, perdonándoos unos a otros, como Dios también os perdonó a vosotros en Cristo.

Como ves, podemos "[contristar] al Espíritu Santo de Dios". De hecho, podemos entristecer al Espíritu fácilmente. Es sabido que estar contristado es sentir tristeza o aflicción, llorar y sentir malestar. Básicamente, lo contrario de lo que el Espíritu Santo ha venido a darnos, que es paz, consuelo, ayuda y gozo.

TEN CUIDADO CON ELECCIONES CONTRARIAS AL ESPÍRITU SANTO

Una de las razones por las que muchos de nosotros vivimos en un estado permanente de malestar es que hemos alejado al Espíritu Santo a causa de nuestras elecciones. Nuestros pensamientos, nuestras palabras y nuestras acciones han ofendido al Espíritu Santo que está en nosotros, pero debido a que hemos sido "sellados" con el Espíritu, lo cual veremos detenidamente en el capítulo 9, no puede salir volando. No puede retirarse. Más bien, permanece contristado dentro de nosotros, y eso se manifiesta en nuestra propia alma y nuestro espíritu como un caos emocional, circunstancial y espiritual.

Cuando el Espíritu Santo está triste dentro de ti, ¿cómo vas a estar feliz? Cuando el Espíritu de Dios llora, literalmente, dentro de tu alma, ¿cómo puedes no sentir ese dolor y sus lágrimas? No puedes, el malestar del Espíritu Santo se convierte en tu malestar. Sin embargo, en vez de tratar con el desencadenante de esa tristeza interna, demasiadas personas intentan escapar de la desdicha y la aflicción. Usan el entretenimiento, la comida, el sexo, las drogas, las compras compulsivas, la religión, el ejercicio, lo que sea, cualquier cosa que puedan usar como distracción.

El problema es que tratan de escapar de algo de lo que el Espíritu Santo no puede escapar. Entonces, no importa cuánto lo intenten, la tristeza del Espíritu continúa resonando en su interior hasta que se desborda. El Espíritu Santo es tan sensible como una paloma y reacciona rápidamente a lo que no es consecuente con su naturaleza.

Varias cosas contrarias a la naturaleza del Espíritu Santo aparecen en el pasaje que acabamos de leer en Efesios. Una de las primeras cosas tiene que ver con lo que decimos. El pasaje señala: "Ninguna palabra corrompida salga de vuestra boca". Cuando el Espíritu Santo te escucha decir malas palabras, usar un lenguaje grosero o hablar con doble intención, insisto, no tiene adónde ir. Entonces, se entristece dentro de ti, y tú sientes su aflicción.

En Efesios 5:4 se describe con más claridad cómo debemos hablar: "ni palabras deshonestas, ni necedades, ni truhanerías, que no convienen, sino antes bien acciones de gracias". La conclusión es esta: cuando tú blasfemas, el Espíritu llora. Si estás denigrando a otros con tus palabras, el Espíritu se contrista. Si cuentas chistes que no son graciosos, sino hirientes, agresivos o despectivos, ofendes al Espíritu Santo. Has abierto la puerta para que el diablo acampe en tu corazón y genere un mayor caos.

Muchos le abren la puerta al diablo sin darse cuenta porque hablan sin pensar. Cuando son imprudentes con sus palabras, ya sea a través de blasfemias, quejas, insultos o groserías, colocan una señal de bienvenida para Satanás.

Cuando aconsejo a parejas casadas que no se llevan bien, a menudo me quedo pensando en esto mismo; porque después de unos minutos de escucharlos insultarse y culparse el uno al otro, es obvio que están causando su propia desdicha. Lo que sucede es que al entristecer al Espíritu Santo que está en ellos, cada uno termina teniendo una relación infeliz con el otro.

Lo que dices importa. Cómo lo dices importa. Debemos usar

nuestras palabras para edificarnos y animarnos unos a otros, no para destruirnos unos a otros. Cuando destruimos a las personas hechas a la imagen de Dios, al mismo tiempo estamos destruyendo el poder y la presencia pacificadora del Espíritu dentro de nosotros.

Considera cómo le hablas a alguien a quien le estás pidiendo ayuda o un favor. ¿Lo humillas? ¿Le dices cosas que sabes que lo ofenderán? Imagino que, en cambio, le hablas bien y amablemente. Todos entendemos este concepto. Sin embargo, a menudo lo olvidamos cuando se trata del Espíritu Santo. Esperamos que Él haga todo lo que le decimos cuando queremos que lo haga mientras lo ofendemos con lo que pensamos, decimos o hacemos. Así como este trato no funcionaría en una relación humana, tampoco funciona con el Espíritu Santo de Dios.

El Espíritu Santo, como una paloma, escucha tus palabras. Te pide que cuides lo que sale de tu boca y seas consciente de lo que dices. Le ofende el lenguaje grosero lleno de insultos. El escritor de Hebreos habla de no hacer afrenta al Espíritu de gracia (Hebreos 10:29). Dios se siente insultado cuando ve que usamos nuestra lengua para ofender a alguien. Si no tenemos cuidado o continuamos con este tipo de lenguaje, no solo lastimaremos a los demás, sino que también nos lastimaremos a nosotros mismos.

En el sur de Turquía vive cierto tipo de ave: una grulla. Esta grulla vive principalmente en las montañas Tauro. Cuando vuela, emite un fuerte graznido, que atrae a las águilas cercanas. Las águilas siguen el sonido hasta que localizan el origen, y luego se lanzan sobre la grulla y la matan para la cena.

El problema de la grulla es que nació para graznar. Es parte de su naturaleza hacerlo. Por eso las grullas maduras aprenden a llevar una piedra en la boca que les evita graznar. Y transmiten esta lección a sus crías. Ya no usan su boca para no dar oportunidad al enemigo de que las destruya. Las aves se dedican a volar y llegan a salvo a su destino previsto.

En nuestro reino espiritual existe un "águila" a quien no le importa tener a uno o dos humanos para la cena. Se llama Satanás y tiene un agudo sentido del oído. Está atento a lo que sale de nuestra boca y le gusta cuando la usamos para el mal. Cuando escucha todos nuestros gritos, quejas y palabras arrogantes, nos hacemos fácilmente visibles a su campo visual y le damos la oportunidad de arruinar nuestra vida.

Vivimos en una época en la que las palabras corrompidas son casi parte integrante de la vida cotidiana. En la televisión escuchamos palabras que jamás se hubieran dicho en el pasado. Escuchamos a personas y leemos textos que insultan a otros de una manera que habría hecho sonrojar a la persona más boca sucia hace solo unas décadas. Twitter se ha convertido en su propia forma de guerra verbal, un lugar donde cualquiera puede decir casi cualquier cosa a cualquiera sin restricciones ni miedo a las repercusiones.

El discurso mordaz se ha vuelto tan malo, que nos estamos volviendo insensibles. Hemos comenzado a esperarlo. Nos estamos sintiendo cómodos cuando lo escuchamos, nos reímos de él o incluso lo usamos nosotros mismos. La vileza y la inmundicia se han vuelto tan omnipresentes en lo que se expresa o se comenta en línea, que ya ni siquiera nos sorprende.

Sin embargo, eso no significa que ya no espante al Espíritu Santo. Su pureza y paz no han cambiado. Sus normas no han bajado. Su sensibilidad no se ha endurecido. Cada vez que tú o yo entretenemos, aceptamos o participamos de pensamientos o palabras corrompidas y perniciosas, entristecemos al Espíritu de Dios y lo hacemos llorar.

No obstante, no todo queda delimitado a nuestras palabras. Como mencioné, tus acciones corrompidas también lo incomodan. Y cada vez que agravias a alguien a sabiendas, también agravias al Espíritu Santo. Cuando le robas a alguien, estás robando al Espíritu. Estás degradando la integridad del Espíritu. Cuando defraudas a alguien, estás defraudando al Espíritu. Cuando rechazas a alguien, estás rechazando al Espíritu. Cada uno de nosotros está hecho a la imagen de Dios. Perjudicar o marginar a alguien es hacerle lo mismo a Dios.

En 1 Juan 4:20 encontramos un resumen de la relación entre cómo tratamos a los demás y cómo nos relacionamos con Dios: “Si alguno dice: Yo amo a Dios, y aborrece a su hermano, es mentiroso. Pues el que no ama a su hermano a quien ha visto, ¿cómo puede amar a Dios a quien no ha visto?".

En lugar de hacernos daño unos a otros, debemos animarnos unos a otros. En lugar de ignorarnos unos a otros, debemos honrarnos unos a otros. Debemos hablar con gracia en todo momento. Para eso debemos dar palabras de ánimo y ayuda, y también, como señala Efesios 5:4, dar gracias.

Vivimos en una cultura que no solo permite palabras y acciones ofensivas, sino que incluso parece respaldarlas y perpetuarlas. Esto me recuerda a la niña que era hija de un pastor. Al golpearse el dedo del pie, gritó: "¡Maldición!". Su papá no quería alentar ese tipo de reacción, así que se acercó a ella con un plan.

Le dijo que cada vez que ella sintiera la necesidad de gritar la palabra *maldición*, se lo hiciera saber, y él metería la mano en el bolsillo y le daría veinticinco centavos por haber tenido dominio propio y no decirla.

La niña sonrió y miró a su padre como si una luz acabara de encenderse en su cerebro. "Gracias, papá —dijo ella. Y luego agregó—: ¡Pero también sé otras palabras que valen un dólar!".

Estamos viviendo en una época en la no se valora el hablar con decencia. Hablar de forma moral y pura tiene un costo en nuestra cultura. Hemos entrado en los días de Isaías 63:10, cuando ya no nos interesa permanecer en el Espíritu, sino que nos rebelamos contra Él en nuestras palabras y acciones: "Mas ellos fueron rebeldes, e hicieron enojar su santo espíritu".

¿Te das cuenta de que te estás exponiendo a que Dios actúe como un enemigo contra ti? Eso es lo que dice Isaías. Nuestras rebeliones marcan el comienzo de la respuesta de Dios. Cuando eliges hablar mal a los demás y tratarlos mal, le estás pidiendo a Dios que luche contra ti. Y Él lo hará, así como cualquier padre se levanta para defender a sus hijos que están siendo lastimados por alguien. Dios se levantará para detenerte o impedirte que lastimes a otros. Lo hace a través de la presencia del Espíritu que está en ti. Contristar al Espíritu Santo no cesa con el gemido del Espíritu. Evoca una respuesta de Dios mismo para corregir las cosas dentro de ti.

Ahora bien, puedes cooperar con este proceso o puedes prolongarlo. Es tu decisión, pero cada vez que entristeces o afliges a la Paloma, te estás poniendo en contra del Dios Todopoderoso.

Lo que tú y yo debemos hacer, más bien, es buscar que la Paloma se sienta cómoda dentro de nosotros. Debemos buscar que el Espíritu Santo se sienta cómodo. Para eso debemos crear un ambiente donde Él pueda funcionar. Podemos crear ese ambiente propicio cuando no participamos en las divisiones entre nosotros, ya sea de odio cultural, odio racial, odio político, odio por vacunación o no vacunación... Sea lo que sea, debemos abstenernos de participar en una cultura de odio y división.

Satanás revuelve esta olla de odio y división para cultivar un ambiente donde sea más fácil rechazar a las personas o menospreciar a quienes no comparten nuestras normas. Y si bien podemos tener fuertes convicciones acerca de los problemas que enfrentan nuestras comunidades, naciones y el mundo de hoy, debemos tener cuidado de no generar división a través de lo que decimos o hacemos. O incluso a través de *cómo* lo decimos o hacemos.

La cultura actual me recuerda las historias que se cuentan sobre Winston Churchill, primer ministro del Reino Unido a mediados del siglo XX, y Lady Astor, la primera mujer en ser miembro del Parlamento. La división entre estos dos individuos era tan profunda e intensa que las historias reflejan abiertamente tal sentimiento. Después de todo, Churchill y Lady Astor eran famosos por odiarse con pasión.

Un día, Lady Astor entró al Parlamento y vio a Churchill. Solo verlo la enojó, así que se acercó a él y le dijo:

—Winston, si yo fuera su esposa, le pondría arsénico a su té.

Churchill levantó la vista de su lectura y respondió:

—Lady Astor, si usted fuera mi esposa, ¡me lo bebería!

En otra ocasión, Lady Astor se encontró con Churchill cuando había bebido demasiado. Obviamente, estaba un poco ebrio, así que ella aprovechó el momento para decirle:

—¡Winston, usted es un viejo borracho!

Churchill la miró, quizás con la visión borrosa, y le respondió:

—Lady Astor, usted es fea, pero yo al menos estaré sobrio mañana.

Como puedes ver, estos dos realmente se odiaban.

Con solo unos minutos en Twitter u otros sitios de redes sociales, o incluso leyendo los comentarios de YouTube, puedes ver que el odio entre varios grupos de diferentes creencias ha llegado a un punto repugnante. Cada vez que un grupo desea la muerte de otros por estar vacunados o no vacunados, nos hundimos en lo más bajo de nuestra existencia humana.

Se pueden observar otras divisiones (nuevamente, ya sean raciales, políticas, de estratos sociales o cualquier otra) y ver que el odio es igual de fuerte. Cuando la cultura promueve tal espíritu de desunión, sobre todo en lo que tiene que ver con lo que decimos, nosotros, como seguidores de Jesucristo, debemos tener cuidado de no caer en la trampa de usar nuestra lengua para lastimar a otros. Cuando hacemos eso, contristamos al Espíritu Santo.

No solo eso, sino que limitamos o incluso extinguimos su obra en nuestras vidas. Leemos sobre estorbar la obra del Espíritu Santo en 1 Tesalonicenses 5:19, que nos advierte: "No apaguéis al Espíritu".

APAGAR EL ESPÍRITU

Apagar el Espíritu es similar a echar agua sobre el fuego. El fuego ya no puede producir el calor o el beneficio que una vez pretendía dar. La llama se ha apagado.

Con demasiada frecuencia elegimos apagar el Espíritu en lugar de responder a Él. Cuando el Espíritu está contristado y produce malestar en nuestra alma (insisto, porque hemos sido sellados con Él como cristianos), decidimos que no queremos que Él nos moleste. No queremos que Él nos convenza de pecado. No queremos que Él nos guíe. Así que echamos agua sobre el fuego y lo apagamos.

En otras palabras, rechazamos la convicción de pecado. Rechazamos la enseñanza. Rechazamos la guía. Rechazamos el control. En cambio, elegimos decir lo que queremos cuando queremos y a quien queremos. Decidimos que decir a los demás exactamente lo que sentimos y desahogarnos es más importante que escuchar y responder al Espíritu.

Básicamente, le estamos diciendo a la Paloma que se calle porque estamos enojados. Le estamos diciendo que nos deje en paz porque nos sentimos enardecidos por cualquier problema que estemos enfrentando.

Ten en cuenta que el Espíritu Santo no nos pide que reprimamos nuestras emociones o que nunca hablemos de lo que nos pasa, sino que hablemos de lo que nos pasa de la manera que Dios ordena. Debemos decir "la verdad en amor" (Efesios 4:15). Si no decimos la verdad en amor, estamos alimentando otro fuego: el fuego del odio, la división y el conflicto. Como resultado, incluso nuestras oraciones tendrán estorbo. Santiago 4:3 lo expresa de la siguiente manera: "Pedís, y no recibís, porque pedís mal, para gastar en vuestros deleites".

Una de las razones más comunes por la que los cristianos no reciben respuesta a su oración como desearían es que están viviendo un estilo de vida marcado por el conflicto, ya sea que se trate de conflicto en sus relaciones interpersonales, conflicto interno por no estar en sintonía con la verdad de Dios o conflicto por lo que dicen y cómo lo dicen. El conflicto cierra la puerta a la oración, porque, como ya he mencionado, el Espíritu, como una paloma, no funciona en un ambiente de conflicto.

El apóstol Santiago explicó el vínculo entre el conflicto y nuestra intimidad relacional con Dios, en especial con el Espíritu Santo, cuando escribió: "¿No sabéis que la amistad del mundo es enemistad contra Dios? Cualquiera, pues, que quiera ser amigo del mundo, se constituye enemigo de Dios. ¿O pensáis que la Escritura dice en vano:

El Espíritu que él ha hecho morar en nosotros nos anhela celosamente?" (Santiago 4:4-5).

Dios ha puesto el Espíritu Santo en cada creyente, y hemos sido sellados con el Espíritu. Eso tuvo un costo no pequeño para nuestro Rey y, sin embargo, a menudo tratamos al Espíritu Santo como un elemento secundario. Desestimamos su influencia en nuestra vida. Como resultado, Dios anhela celosamente la atención e intimidad que Él ha permitido que cada uno de nosotros tengamos con su Espíritu dentro de nosotros.

A medida que conozcamos más a fondo los nombres y las características del Espíritu Santo en este libro, aprovecha ese conocimiento para reposar en la Paloma, el Espíritu Santo.

EN RESUMEN

Al igual que la paloma de la naturaleza, la Paloma del Espíritu Santo es sensible. Es paz, calma y estabilidad. Es la oportunidad de comenzar de nuevo, como la paloma de la naturaleza en los días de Noé. Y puesto que, como hijo de Dios, has sido sellado con la Paloma, su tristeza se manifestará como tu tristeza. Su desdicha se manifestará como tu desdicha. Si quieres experimentar la paz, el consuelo y la calma que el Espíritu tiene para dar, debes ser muy consciente de no ofenderlo ni contristarlo.

Sé consciente de lo que dices y cómo lo dices. Sé consciente de lo que piensas y cómo eso afecta tu comportamiento. Sé consciente de tus elecciones con respecto a lo que ves, lees, miras, comentas o hablas. Sé consciente de lo que contrista al Espíritu, y luego procura reducir o eliminar esas cosas en tu vida. Entonces comenzarás a experimentar su presencia que te da la paz que anhelas.

No puedes permanecer en el Espíritu Santo si eliges permanecer con el mundo. No puedes poner combustible diésel y gasolina sin plomo en tu automóvil. Tampoco puedes escuchar estaciones AM y FM al mismo tiempo en la misma radio. No funciona así. Seguir al mundo significa no seguir al Espíritu de Dios. No puedes seguir a ambos, pero lo bueno es que depende de ti. Basado en tu libre albedrío, puedes elegir. ¿Cultivarás la cercanía con el Espíritu Santo y seguirás los caminos de Dios? ¿O elegirás entristecer al Espíritu?

Lo que elijas se reflejará en tus propias emociones y decisiones de vida. El Espíritu Santo puede darte gran esperanza, calma, poder y paz, pero solo si decides no apagarlo con tu forma de vivir o hablar. Dios desea una relación íntima contigo. Él anhela celosamente que la presencia del Espíritu en ti se conecte contigo en lugar de que tú te conectes con el espíritu de las tinieblas, que es el mundo.

Sin embargo, como ya he dicho, depende de lo que elijas. Está en ti decidir si buscarás la intimidad con el Espíritu de forma continua o no; pero el Espíritu Santo no es un genio mágico al que puedes llamar con un chasquido de dedos. Has sido sellado con el Espíritu dentro de ti, y está disponible en la medida que cultives intencionalmente una relación cercana con Él y te conformes a la verdad y el amor de Dios.

3

EL AGUA VIVA

El agua es esencial para la vida. Cuando nuestro cuerpo no obtiene suficiente agua para que sus células funcionen a su máxima capacidad, nuestra salud se deteriora. El agua no es un suplemento. No es un elemento adicional. No debería ser un recurso tardío. El agua es fundamental para la vida. Y así es el Espíritu en nosotros a través de otro de sus nombres y funciones: el Agua Viva.

Los médicos recomiendan beber mucha agua de manera regular para que nuestras células estén sanas y puedan distribuir la nutrición que nuestro cuerpo necesita para funcionar. También recomiendan beber mucha agua para poder eliminar fácilmente los desechos y las toxinas de nuestro cuerpo. Créeme, sé mucho sobre la necesidad de beber agua. Tras la pérdida de mi esposa, heredé varios "cuidadores" preocupados por mí. Si tuviera un centavo por cada vez que alguien de mi familia me recordaba: "Bebe agua, Tony" o "Bebe agua, papá", podría jubilarme y nunca volver a trabajar. ¡A veces pensaba que estaban tratando de ahogarme!

Bromas aparte, el mundo no puede existir sin agua. La vida humana, animal, vegetal, nada aquí puede existir sin ella. Nuestra necesidad de lluvia ilustra nuestra desesperación por agua. Sin lluvia, o al menos sin suficiente agua como se necesita, todo se seca y finalmente muere. Los desiertos, por ejemplo, solo producen vida animal y vegetal capaz de resistir la sequía, y solo alrededor de una sexta parte de la población humana del mundo vive en una región desértica. Dondequiera que nuestro planeta esté sin el agua que necesita, las personas, los animales y la vida vegetal se encuentran en una situación desesperante.

Lo que el agua física es para el cuerpo y para nuestro planeta, el agua espiritual lo es para el alma. Si privas al cuerpo de agua física, no funcionará bien. Si privas al alma de agua espiritual, tampoco funcionará bien. Así como el agua física distribuye vida física para el bienestar de la humanidad, el agua espiritual distribuye vida espiritual para el bienestar de nuestras almas. Cuando el alma se ve privada del agua espiritual, habrá deterioro y devastación en la vida que el alma encarna.

Jesús nos presenta este concepto del agua espiritual en el contexto de la Fiesta de los Tabernáculos. Dios había instruido al pueblo judío a participar de esta gran fiesta para recordar su viaje por el desierto.

SACIAR LA SED ESPIRITUAL

Uno de los sucesos más traumáticos durante ese viaje fue que se quedaron sin agua. Otro suceso fue su aparente encierro cuando sus enemigos los tenían atrapados a la orilla del Mar Rojo. Sin embargo, en ambas situaciones, Dios se les manifestó de manera milagrosa. En el Mar Rojo, abrió las aguas para que cruzaran a salvo. En el desierto, hizo brotar agua de una roca para que pudieran saciar su sed. Además, en otro momento convirtió el agua amarga en agua pura para que no murieran deshidratados o a causa de enfermedades transmitidas por el agua.

Para la Fiesta de los Tabernáculos, los israelitas habían recibido instrucciones de construir cabañas, similares a lo que llamamos tiendas de campaña. Levantaban una ciudad de tiendas de campaña donde vivían durante esta fiesta; un tiempo establecido y apartado de las rutinas normales de la vida para que los israelitas reflexionaran sobre cómo Dios les había suministrado provisiones durante su mayor necesidad.

Obviamente, algunas de las provisiones que Dios suministró durante esos años tenían que ver con el agua. Por lo tanto, era apropiado que, en esa fiesta, Jesús hiciera una declaración que revelara este próximo símbolo de la verdad y cualidad de carácter que aprenderemos sobre el Espíritu Santo: el Agua Viva. Jesús presenta al Espíritu como "agua viva" en Juan 7:37: "En el último y gran día de la fiesta, Jesús se puso en pie y alzó la voz, diciendo: Si alguno tiene sed, venga a mí y beba". Jesús apela a la necesidad muy humana del pueblo de saciar su sed.

Para alguien que vive en Texas, como yo, el concepto de saciar la sed puede ser muy real. En esos calurosos días de verano, cuando el índice de calor se eleva muy por encima de los 38 grados centígrados, la deshidratación no tarda mucho en comenzar y la necesidad de agua se hace sentir. Los efectos de las altas temperaturas y la humedad le indican al cuerpo que necesita una reposición de líquidos, ¡y pronto!

Cuando solía correr varios kilómetros al día para hacer ejercicio, siempre llevaba agua para refrescarme mientras corría. Cualquier atleta o corredor, incluso un ávido caminante, sabe lo que es tener sed, al igual que las personas a las que Jesús les estaba hablando cuando les presentó este concepto. Usó la ilustración de los sacerdotes que vertían agua sobre el altar durante la Fiesta de los Tabernáculos para que sus oyentes supieran que Él había venido a suministrar una provisión espiritual para las almas y las vidas del pueblo de la misma manera que Dios suministró a los hebreos refrigerio en el desierto.

Es fácil saber cuándo nuestro cuerpo tiene sed. Los labios resecos y una sensación de letargo nos advierten sobre nuestra necesidad de beber. Es igual de fácil saber cuándo el alma tiene sed. El problema es que muchos de nosotros hemos olvidado cómo reconocer y asociar estos síntomas con un alma sedienta. Sin embargo, si estás viviendo una vida de descontento, tienes un alma sedienta. Si estás viviendo una vida de confusión, tienes un alma sedienta. Si estás viviendo una vida de frustración, tienes un alma sedienta. Y si estás viviendo una vida de fracaso perpetuo, tienes un alma sedienta.

La sed del alma se manifiesta a través de la insatisfacción, el descontento, la falta de perdón, el pecado desenfrenado, la confusión, el caos interno y más. Todas estas manifestaciones reflejan puntos secos del alma que piden agua.

Lo peor es que, así como hemos manipulado la forma de saciar la sed del cuerpo, hemos manipulado la forma de saciar la sed del alma. Cuando nuestro cuerpo tiene sed, muchos de nosotros recurrimos a opciones que en realidad no sacian el cuerpo. Recurrimos a un refresco azucarado, un té dulce o una bebida energética a base de químicos, pero los médicos advierten que no poseen los beneficios del agua pura. Cada vez que sustituimos el agua por una sustancia ilegítima, corremos el riesgo de afectar negativamente nuestro cuerpo.

De manera similar, a menudo terminamos bebiendo agua salada espiritual en lugar del agua pura que Jesús vino a darnos y que el Espíritu Santo suministra. El agua salada espiritual viene en forma de relaciones ilegítimas, entretenimiento ilegítimo, aumento ilegítimo de la autoestima y otras "soluciones" ilegítimas. Cualquier cosa que nos dé un alivio temporal para ayudarnos a olvidar o tapar la sed que realmente tenemos, solo nos distrae de lo que más necesitamos. No solo no sacia nuestra sed espiritual, sino que además aumenta nuestra necesidad de agua espiritual. Cada vez que algo anda mal en el alma y no se trata durante un período prolongado de tiempo, se produce un nivel aún mayor de deshidratación espiritual.

Comprendamos esto: No existe sacarina o sustitutos salados para la presencia viva y permanente del Espíritu Santo en tu alma. Nada puede sustituirla.

Debido a que la necesidad de agua espiritual es tan profunda, nos lleva a estar siempre atentos a cómo satisfacer esa necesidad. Y a Satanás le gusta llevarnos a dar vueltas sin llegar a ningún lado en la búsqueda de localizar sustitutos baratos y falsos que nunca fueron diseñados como auténticos calmantes de la sed. De hecho, a Satanás no le importa si confundes la religión y la liturgia espiritual con el agua viva, porque tampoco saciarán tu necesidad.

Solo el Espíritu nos ofrece el agua viva de Cristo, que necesitamos para que nuestra alma no solo sobreviva, sino que prospere. Esta agua pura es lo que eliminará las impurezas que intentan controlar todos nuestros pasos y pensamientos.

La sed es un deseo o anhelo consciente de un alma vacía. Refleja la realidad de vivir en un desierto espiritual. Estos son tiempos áridos de nuestra vida cuando sentimos que no estamos cerca del Señor o que no estamos avanzando en nuestros objetivos espirituales. Sentimos que estamos atravesando esa "noche oscura del alma". Y aunque somos salvos por la eternidad a través del sacrificio de Jesús, no nos estamos beneficiando de todo lo que Él vino a darnos mientras aún estaba en la tierra. Si repasas el primer versículo que leímos juntos en Juan 7:37, verás algo que Jesús dijo que debemos hacer. Lo escribo aquí como recordatorio:

"Si alguno tiene sed,
venga a mí y beba".

Venir a Jesús es lo que tú y yo hicimos cuando vinimos a Él para ser salvos, pero lo que a menudo olvidamos una vez que somos salvos es que aún necesitamos "beber".

Cuando prediqué sobre este tema en la iglesia que pastoreo en Dallas, lo hice sosteniendo una copa llena de agua mientras hablaba de este pasaje. La copa estaba llena. El agua era pura. No me había costado nada conseguirla, pero tampoco me beneficié de ella en nada hasta que di el paso de beberla intencionalmente. El solo hecho de sostener la copa de agua no haría nada por mí. El solo hecho de hablar del agua no me ayudaría en nada. Ni siquiera oler el agua haría algo por mí. No fue hasta que bebí el agua que refresqué mi cuerpo y sacié mi necesidad física.

Es una ilustración sencilla, pero su significado es profundo. Tú y yo podemos conseguir agua fácilmente, pero seguir teniendo sed. Podemos poseer agua espiritual y seguir insatisfechos. Poseer y beber son dos cosas muy diferentes. Beber el agua espiritual que Jesús vino a suministrar a través del Espíritu significa que tú y yo debemos apropiarnos de esta agua viva en el funcionamiento interno de nuestra vida.

Si has aceptado a Jesucristo como tu Salvador por lo que irás al cielo cuando mueras, eso es bueno. En realidad, es genial; pero no debes permitir que esa seguridad eterna te arrulle en la complacencia mientras estés en la tierra. La salvación eterna no es suficiente para sanar y saciar un alma sedienta en tu vida como ser humano. Para eso, debes venir a Jesús y apropiarte del agua viva que Él ofrece de tal manera de integrarla a tu existencia diaria. Y al hacerlo, esta agua viva se convierte en más que algo a lo que tienes acceso; se convierte en algo que estás usando y de lo que te estás beneficiando.

NUESTRA RESPONSABILIDAD ACTIVA

Debido a que no hemos enfatizado el papel y la responsabilidad de nuestra propia participación en la apropiación de esta agua que da vida, quiero ilustrarlo de otra manera también. En realidad, quiero que comprendas cuán decisivo eres en este proceso de utilizar todo lo que el Espíritu tiene para ti. No se trata de una relación pasiva en la que te cruzas de brazos mientras el Espíritu hace todo lo que quieres que haga por ti. Tienes un papel activo que desempeñar en tu santificación, así como en tu satisfacción en la tierra.

Los jueves, donde vivo, una empresa de recolección de residuos envía un camión a nuestro vecindario, y sus trabajadores recogen la basura que he llevado a la acera. Hacen esto en todas las casas de mi zona. Pagamos una pequeña tarifa para disfrutar de este servicio. Seguramente, tienes algún servicio similar.

No obstante, lo que quiero preguntarte es lo siguiente: ¿alguna vez los trabajadores de recolección de residuos han llamado a tu puerta y se ofrecieron a vaciar tu basura dentro de tu casa en lugar de pedirte que la lleves a la acera? ¿O alguna vez han llamado a tu puerta porque olvidaste sacar la basura a tiempo?

Al igual que conmigo, es probable que nunca hayan hecho ninguna de esas cosas contigo. Para que se lleven nuestra basura, tenemos que llevarla a la acera. Tenemos que embolsarla y sacarla a la hora señalada. Y según dónde vivamos, incluso tenemos reglas sobre cuántos contenedores de basura podemos colocar, qué tan llenos pueden estar, qué artículos están excluidos y cuándo se permiten sacar los contenedores de reciclaje.

Algunos de nosotros esperamos que el Espíritu Santo venga y derrame el agua viva en nuestra garganta seca. Sin embargo, Jesús dice que debemos acercarnos a Él y beber. Debemos ir a beber intencionalmente. No podemos culpar a Dios por nuestra sed cuando Él ha provisto la manera de saciarla. No podemos señalar con el dedo a los demás cuando nuestra vida está en ruinas, pero nos negamos a beber del agua viva que se nos ofrece en el Espíritu. No podemos insistir en que todos los demás se adapten a nuestras necesidades, deseos y caprichos para aliviar el vacío que tenemos dentro cuando Jesús nos ha dicho todo el tiempo cómo satisfacer nuestras necesidades espirituales.

El agua espiritual es un trabajo interno que solo tú puedes hacer dentro de tu alma. Si experimentas una sed ardiente de insatisfacción muy dentro de ti o percibes problemas espirituales sin resolver, necesitas beber del agua viva disponible para ti. Solo entonces te volverás a sentir renovado.

No obstante, ten en cuenta que Jesús no dice que debes acudir a Él para obtener información. No dice que el Espíritu Santo te proporcionará resultados de búsqueda similares a los de Google sobre la sed, la deshidratación, el propósito o temas afines que tal vez desees conocer. No, aunque el Espíritu es nuestro maestro e instructor, como descubriremos más adelante en este libro, lo primero que Jesús señala es que debemos venir y beber.

Cualquiera puede aprender sobre la Biblia, teología, religión o cualquier asunto espiritual y aun así seguir sediento. Esto se debe a que el conocimiento sin una relación nunca es suficiente. Si alguna vez tuviste una cita a ciegas, sabes que la información que recibiste de antemano, sin importar cuán impresionante sea, no fue suficiente para saber si querrías volver a salir con esa persona. La única forma de saberlo era entablando una relación y estando con esa persona durante un tiempo. La información impresionante puede esfumarse rápidamente en persona.

Dios no quiere ser únicamente un centro de información para tu mente. Si todo lo que obtienes es información sobre una posible cita, en realidad no has tenido una cita. Dios quiere ser una experiencia personal que infunda vida a tu corazón.

Cuando tú y yo venimos a Jesús y bebemos a través de nuestra fe y creencia, recibimos esta agua viva activa en nuestro interior. Jesús explicó este proceso, como escribe Juan, en Juan 7:37-39:

> Jesús se puso en pie y alzó la voz, diciendo: Si alguno tiene sed, venga a mí y beba. El que cree en mí, como dice la Escritura, de su interior correrán [fluirán] ríos de agua viva. Esto dijo del Espíritu que habían de recibir los que creyesen en él; pues aún no había venido el Espíritu Santo, porque Jesús no había sido aún glorificado.

AGUA QUE FLUYE

Lo que Dios quiere hacer es colocar en tu alma un bombeador que saque agua de manera que fluya constantemente. Es agua corriente y viva destinada a mantener tu vida, tus pensamientos y tu corazón frescos con la guía y el amor del Espíritu. El agua que no se mueve se estanca; se vuelve propicia para que crezcan bacterias. Por eso el Espíritu es agua que *fluye*. Como lo describió Jesús, el Espíritu, que fluye como "ríos de agua viva", estará dentro de ti.

El agua que fluye está diseñada para atravesar cada aspecto de tu ser más interno y, a su paso, nutrir, alimentar y refrescar cada uno de estos aspectos. Para entender esta necesidad, es importante recordar que tú no eres tu cuerpo. Tu cuerpo es solo una vasija, o un instrumento y una personificación, que facilita tu alma. Tú eres tu alma.

Cuando mueres, tu alma deja el cuerpo y entra en la eternidad. Tu cuerpo se queda aquí porque tú no eres tu cuerpo. Todo lo que hace tu cuerpo es facilitarte un anfitrión para funcionar mientras tu alma está en la tierra. Lo que tu alma quiere hacer se manifiesta a través de tu cuerpo. Tu alma es tu identificación. Es la firma personal de tu existencia.

Puedes considerarlo como un código que se te asigna de manera única como tu identificación, y cuando mueres, ese código permanece contigo. Tú sigues siendo tu alma. Tu existencia es tu alma. Tu cuerpo está diseñado para funcionar en el mundo físico a través del ejercicio de tus cinco sentidos. Tu cuerpo puede oír, tocar, ver, oler y saborear. Por consiguiente, tu alma puede funcionar en la tierra. Tu verdadera identidad (tu personalidad, tu alma) envía señales a tu cuerpo para que sepas qué hacer.

El problema es que nuestras almas han quedado marcadas. El alma de todos ha quedado marcada. Cuando naciste, entraste a mundo lleno de pecado. Pero incluso antes que nacieras, heredaste transferencias espirituales de corrupción a través de tu identidad humana. Esto solo se exacerba a lo largo de la vida. Ya sea que los pecados y las elecciones de otras personas o los nuestros propios nos afecten, o incluso solo el pecado ambiental de este orden mundial, nuestra alma, en diversos grados, recibe el daño que nos rodea.

Las personas que tienen un daño muy profundo en el alma pueden terminar por hacerse cosas horribles y dejarse cicatrices en su cuerpo. Y tal vez dejar cicatrices en el cuerpo de otros también. Quizás hacen esto en un esfuerzo por adormecer el dolor, pero un alma con cicatrices no puede sanar un cuerpo con cicatrices. Sea como sea, muchos de nosotros perdemos una enorme cantidad de tiempo y energía en tratar de sanar un cuerpo con un alma aún dañada. Sin embargo, cada vez que existe un alma dañada, el cuerpo simplemente encuentra una nueva forma de expresar su dolor interno.

Por eso, las técnicas de modificación del comportamiento generalmente duran poco tiempo. Si estás tratando de corregir un mal comportamiento, pero no te has ocupado del daño del alma que contribuyó a tal comportamiento, el alma encontrará otra forma de expresar su daño en otra parte. Solo cuando permitimos que los ríos de agua viva fluyan y refresquen nuestro ser, eliminamos las toxinas del alma y sanamos el daño en nuestro interior. Cuando bebemos o permanecemos en una relación cercana con Jesús, su corriente de agua produce vida en nosotros a través de la presencia del Espíritu Santo.

Mientras que tu cuerpo está diseñado para comunicarse con el mundo físico y tu alma está diseñada para comunicarse contigo mismo, Dios te ha dado un tercer elemento en tu ser para comunicarte con Él: tu espíritu. Ahora bien, las Escrituras enseñan que, debido al pecado, cuando nacemos estamos espiritualmente muertos (Efesios 2:1). Es nuestra naturaleza desde el principio. Por eso nuestro espíritu necesita ser vivificado, que es lo que sucede cuando aceptamos a Cristo como nuestro Salvador.

EL EFECTO DEL ALMA DESDE DENTRO HACIA FUERA

Cuando recibes a Cristo, Dios coloca un bombeador de agua dentro de tu espíritu humano, también conocido como el Espíritu Santo. Por medio de Jesús, el Espíritu Santo invade tu espíritu humano y te da vida espiritual. El Espíritu reside en el alma. El alma reside en el cuerpo.

Cuando el Espíritu Santo bombea agua viva en tu espíritu, que luego se desborda en tu alma, te confiere sanidad, contentamiento, disposición, fortaleza y propósito. Entonces tu alma comienza a dar nueva información a tu cuerpo.

Esta nueva información, o directiva, está en sintonía con la verdad del Espíritu Santo. Como resultado, tu cuerpo comienza a hacer las cosas de manera diferente. Tu cuerpo comienza a decir y hacer lo que glorifica a Dios y hace el bien a los demás. Y mientras el Espíritu Santo tenga la libertad de hacer fluir su agua viva en tu espíritu, lo cual sustenta tu alma y luego dirige tu cuerpo, continuarás sanando y haciendo lo que es bueno.

En nuestros hogares disponemos de grandes cantidades de agua canalizada a través de un elaborado sistema de distribución. Sin embargo, aunque tenemos acceso a esta agua, podemos evitar que fluya hacia nuestros hogares. Todo lo que tenemos que hacer es cerrar la llave de agua principal, pero cuando lo hagamos, no tendremos el agua que necesitamos para lavar los platos, descargar el inodoro, cepillarnos los dientes, ducharnos y mucho más, y limpiar lo que podría contaminarnos.

Algunos de nosotros hemos estado tan confundidos en nuestra alma durante tanto tiempo, que hemos olvidado cómo abrir la llave que permite que el agua viva limpie la basura que hay dentro de nosotros. Nuestros cuerpos se han contaminado en gran medida porque no tenemos el agua viva que nos lava, nos limpia o nos purifica, y nos ofrece lo que necesitamos.

Tu alma no puede sanar hasta que permitas que el agua viva del Espíritu fluya. Debes liberar el agua que hay dentro y beber. Cuando lo hagas, el agua más interna se transferirá del Espíritu a tu espíritu, a tu alma y, finalmente, a tu cuerpo.

En la Biblia, el profeta Isaías comunica estas palabras de Dios: "Porque yo derramaré aguas sobre el sequedal, y ríos sobre la tierra árida; mi Espíritu derramaré sobre tu generación, y mi bendición sobre tus renuevos" (Isaías 44:3). El vacío, el descontento y la insatisfacción nacida del pecado puede ser tratada solo a través del Espíritu de Dios. Dios nos da su bendición al sustentar nuestras almas secas y estériles a través de la provisión del Espíritu.

Cuando Jesús dijo que vino a darnos vida y vida en abundancia (Juan 10:10), estaba hablando de la vida más allá de la rutina. Se refería a la vida fuera del sistema. No estaba hablando del tipo de vida en la que nosotros, como ratones, seguimos haciendo girar la rueda de manera interminable sin ir a ninguna parte. Jesús vino a dar el tipo de vida que brota y da significado, contentamiento y satisfacción. Y lo hace a través de la presencia y el agua del Espíritu Santo que da vida: una vida que comienza desde dentro y luego sale hacia afuera.

GLORIFICAR A JESÚS

Cuando Jesús nos habló del Espíritu, aún no había sido glorificado. Todavía estaba en su forma física. El Espíritu Santo vino después de la resurrección. Vino el día de Pentecostés y, en ese momento, todos fueron llenos del Espíritu. Esta venida del Espíritu tuvo lugar cuando los discípulos decidieron glorificar a Jesús tanto en privado como en público. Así es como tú y yo mantenemos el bombeador del Espíritu Santo trabajando libremente en nuestra propia vida. Debido a que el Espíritu vino a glorificar a Jesús (Juan 16:13-14), nosotros también debemos hacerlo.

Y, como sabes, Jesús vino a glorificar a Dios. De modo que, cuando usamos nuestra vida para glorificar a Jesús, también estamos afirmando lo que Jesús vino a hacer, que es glorificar a Dios. Cuando lo glorificamos, el Espíritu nos da poder y permite que fluya más agua viva dentro de nosotros.

Pedir el agua no hará que el agua siga fluyendo. Conocer el agua no hará que el agua siga fluyendo. Reconocer que el agua está ahí no hará que el agua siga fluyendo. Solo cuando glorificas a Jesucristo con tus palabras y acciones, el Espíritu entra en acción. Por eso, cada vez que relegas a Jesús, aunque creas en Dios y hables libremente de Dios, la obra del Espíritu queda simultáneamente relegada en ti. El Espíritu de agua viva se activa cuando exaltas a Jesucristo en privado y en público en tu vida.

Experimentar la manifestación plena del Espíritu Santo en tu vida está estrechamente relacionado con la forma en que interactúas con Jesús. Muchos cristianos solo visitan a Jesús. Van a la iglesia para visitar a Jesús, pero luego siguen con sus vidas hasta la próxima visita. Sin embargo, visitar a Jesús el domingo no es permanecer. Eso se llama tachar una de las cosas de nuestras listas de tareas pendientes. Solo una relación permanente con el Señor producirá agua viva que fluirá en ti a tal nivel que te dará vida. Cuanto más vea el Espíritu que glorificas a Jesús, más bombeará agua para que fluya en tu alma y transforme tu cuerpo.

CUANDO EL AGUA FLUYE A TRAVÉS DE TI Y SE DESBORDA

Cuando necesitas que el agua viva te sane, te limpie o te refresque, tienes que dar libertad al Espíritu dentro de ti. La forma de hacerlo es identificarte y permanecer en Jesús, además de darle la gloria en privado y en público. Cuando Jesús recibe la gloria, el bombeador se enciende y se lleva a cabo la transformación. Además, todo esto es gratuito. No te cuesta ni un centavo. Apocalipsis 21:6 y 22:17 declara:

> Y me dijo: Hecho está. Yo soy el Alfa y la Omega, el principio y el fin. Al que tuviere sed, yo le daré gratuitamente de la fuente del agua de la vida.
>
> Y el Espíritu y la Esposa dicen: Ven. Y el que oye, diga: Ven. Y el que tiene sed, venga; y el que quiera, tome del agua de la vida gratuitamente.

Recibes el agua viva sin costo alguno. ¿Por qué? Porque el costo ya ha sido pagado. Ha sido colocado dentro de ti a través de la obra que Jesucristo hizo en la cruz. La liberación que anhelas ya está en ti. La guía que anhelas ya está dentro de ti. La gracia que anhelas ya está dentro de ti. Solo necesitas beber. Y cuando lo hagas, comenzarás a notar los cambios que ocurren externamente en ti.

Una de las formas en que sabes que el agua viva fluye dentro de ti es que otras personas comienzan a notarlo. Comienzan a comentar cómo has cambiado para bien. Además, comienzan a preguntarte qué has hecho, porque quieren experimentar esa transformación en su vida también.

Descubrí que una de las razones principales por las que algunas personas son tan malas con los demás es porque tienen el alma en muy mal estado. Ya no saben cómo ser amables. En consecuencia, maldicen a otras personas o hacen cosas para hacerles daño. Ya no quieren servir a nadie más que a sí mismos. Servirse a sí mismos les resulta mucho más gratificante que servir a los demás. Por consiguiente, se quedan vacíos. Se deshidratan espiritualmente. Ya no comparten nada bueno con los demás porque dentro ya no tienen nada bueno.

Sin embargo, cuando tienes los ríos de agua viva del Espíritu en ti, que fluyen libremente a través de ti, no puede evitar desbordar y hacer que otros deseen lo que ven en ti.

Cuando era un niño y vivía en Baltimore, Maryland, sabíamos que siempre podíamos ir a nadar los sábados. "Nadar" es una forma de decir, porque los sábados el jefe de bomberos abría la boca de incendios local, el agua salía a borbotones y teníamos un parque acuático temporal en el barrio. Nunca olvidaré cuando corría descalzo por el agua y pasaba el tiempo genial jugando con mis amigos.

Me asombraba ver cómo una boca de incendios más baja que yo podía despedir toda esa agua cada sábado, literalmente, durante horas. Así que le pedí a mi papá que me explicara. Me dijo que la boca de incendios no contenía el agua, sino que era solo un instrumento a través del cual fluía el agua. Un depósito en el Druid Hill Park contenía el agua y una tubería debajo del suelo se conectaba al depósito.

Mi padre me continuó explicando que cuando el jefe de bomberos se acercaba, todo lo que hacía era abrir el grifo, lo que posibilitaba que saliera una gran cantidad de agua. Sin esa conexión, la boca de incendios estaría vacía.

Esa realidad me fascina ahora tanto como entonces. Ahora, porque es una ilustración muy clara de lo que el Espíritu Santo hace en y a través de nosotros. No importa cuán grandes seamos o cuánta influencia o fama tengamos, una simple conexión lo hará. Lo que importa es el depósito. Cuando nos conectamos al depósito del Espíritu Santo, el agua no solo fluirá, sino que continuará saliendo a borbotones mientras mantengamos el grifo abierto.

Mantenemos ese grifo abierto cuando glorificamos a Jesucristo tanto en privado como en público. Lo mantenemos abierto cuando permanecemos en su presencia. Mantenemos el agua fluyendo cuando ponemos nuestro corazón en sintonía con Dios y permitimos que la presencia del Espíritu produzca su carácter en nosotros. Cuando eso sucede, otras personas también se benefician del agua de vida, que no solo fluye en nosotros, sino también a través de nosotros.

4

LA UNCIÓN

Tal vez aún te preguntes qué beneficio hay en estudiar la descripción de los nombres y los atributos del Espíritu Santo. Vuelvo a mencionar que los beneficios surgen a medida que conoces sus diversas funciones y distintos roles. Sus nombres y de qué forma se hace referencia al Espíritu o se lo describe en las Escrituras indican su obra.

Una vez más, ten en cuenta que Dios, el Padre, era la persona clave en los tiempos del Antiguo Testamento. Jesús, el Hijo, se convirtió en la persona clave en la tierra durante el período de los Evangelios. Y el Espíritu Santo es la persona clave ahora, durante este tiempo que llamamos "la era de la Iglesia". El Espíritu es el tercer miembro de la Trinidad, enviado para actuar en nuestro favor mientras estemos en la tierra y ayudarnos a hacer la obra que Dios quiere que hagamos aquí.

El Padre opera desde el tercer cielo, y el Hijo, sentado a su diestra, gobierna espiritualmente desde el cielo hasta la tierra. Todo se lleva a cabo a través del Espíritu Santo. Su rol es el más prominente de todos los miembros de la Trinidad en la era de la Iglesia. Y, sin embargo, como mencioné en la introducción de este libro, a menudo se le malinterpreta, margina, usa mal, menosprecia e incluso olvida.

Por eso espero que nuestro tiempo juntos nos anime a concentrarnos de lleno en el Espíritu y en lo que Él está haciendo en y a través de nosotros. Cuanto más nos relacionamos con Él, más nos beneficiamos de su poder, su paz y su propósito en nuestra vida.

El siguiente nombre para el Espíritu Santo que estudiaremos, la Unción, se encuentra en el capítulo 2 de 1 Juan. Te animo a leer el pasaje completo desde los versículos 18 al 29, pero para nuestros propósitos aquí, citaré solo los versículos 20-21 y 26-27:

> Pero vosotros tenéis la unción del Santo, y conocéis todas las cosas. No os he escrito como si ignoraseis la verdad, sino porque la conocéis, y porque ninguna mentira procede de la verdad.
>
> Os he escrito esto sobre los que os engañan. Pero la unción que vosotros recibisteis de él permanece en vosotros, y no tenéis necesidad de que nadie os enseñe; así como la unción misma os enseña todas las cosas, y es verdadera, y no es mentira, según ella os ha enseñado, permaneced en él.

Si asistes a la iglesia hace tiempo, seguramente has oído hablar de *la unción* o *el ungido*, y en este capítulo, el nombre del Espíritu Santo es la Unción. Este término se refiere a una obra específica del Espíritu Santo sin la que ciertamente no querrás salir de tu casa. Es una característica clave de la obra del Espíritu en nuestra vida.

Para muchas personas, el concepto de la unción se reduce a una experiencia emocional en la que sienten algo asociado a un pensamiento o una situación espiritual en la iglesia, en la oración o en cualquier momento, y creen que es la unción. Esto puede ocurrir cuando un predicador pronuncia un magnífico sermón o un líder de adoración interpreta una maravillosa canción. Puede ocurrir durante el tiempo de lectura bíblica o de oración personal. A menudo, cuando me hablan después de la iglesia, escucho comentarios como: "La predicación de hoy fue un sermón ungido, pastor" o "Hoy estuvo realmente ungido, pastor".

La mayoría de las veces, lo que esas personas comentan es que experimentaron una reacción emocional o un impacto emocional basado en lo que escucharon.

Si bien el Espíritu crea momentos ungidos en el ministerio, quiero advertirte que no asocies cada reacción emocional con el concepto de la unción. Muchas personas, ya sean predicadores, cantantes o incluso productores de pódcasts, despiertan una respuesta emocional a través de sus propios talentos. O tu respuesta emocional en particular podría estar asociada a algo que estás atravesando en ese momento. Si bien el Espíritu sí aparece en tales experiencias, también creo que las personas a menudo limitan la unción a una reacción emocional en vez de llegar a comprender que la unción es mucho más profunda.

La unción implica más que una emoción. Se trata de la obra profunda del Espíritu en la vida de una persona. En Hechos 10:38, leemos cómo la unción de Jesús le concedía poder para hacer su obra:

> ...cómo Dios ungió con el Espíritu Santo y con poder a Jesús de Nazaret, y cómo este anduvo haciendo bienes y sanando a todos los oprimidos por el diablo, porque Dios estaba con él".

En Lucas 4:14-20, también leemos sobre un hecho que nos muestra que la unción está asociada a una obra física tangible:

> Y Jesús volvió en el poder del Espíritu a Galilea, y se difundió su fama por toda la tierra de alrededor. Y enseñaba en las sinagogas de ellos, y era glorificado por todos.
>
> Vino a Nazaret, donde se había criado; y en el día de reposo entró en la sinagoga, conforme a su costumbre, y se levantó a leer. Y se le dio el libro del profeta Isaías;

> y habiendo abierto el libro, halló el lugar donde estaba escrito:
>
> El Espíritu del Señor está sobre mí,
> Por cuanto me ha ungido para dar buenas nuevas a los pobres;
> Me ha enviado a sanar a los quebrantados de corazón;
> A pregonar libertad a los cautivos,
> Y vista a los ciegos;
> A poner en libertad a los oprimidos;
> A predicar el año agradable del Señor.
>
> Y enrollando el libro, lo dio al ministro, y se sentó; y los ojos de todos en la sinagoga estaban fijos en él.

Podemos ver que la unción implica mucho más que una emoción en estos pasajes. Es la obra interna del Espíritu lo que permite y posibilita las buenas obras externas con resultados tangibles que glorifican a Dios. Y si el mismo Jesús operaba según la unción que había en Él, ¿cuánto más deberíamos hacerlo nosotros?

No obstante, lo que debes recordar acerca de la unción es que ya la tienes. Todo cristiano tiene la unción. Si eres salvo y crees en Jesucristo para el perdón de tus pecados, tienes la unción dentro de ti. Es tuya. Está en ti. No tienes que buscarla. No tienes que ser bautizado en ella. Y no tienes que cumplir con una serie de requisitos para obtenerla.

Tienes la unción. Es un regalo de Dios. La unción habla de la presencia y la obra del Espíritu Santo en tu vida.

Primera de Corintios 6:19 lo expresa de la siguiente manera: "¿O ignoráis que vuestro cuerpo es templo del Espíritu Santo, el cual está en vosotros, el cual tenéis de Dios, y que no sois vuestros?". El Espíritu Santo habita dentro de ti.

En la dispensación del Antiguo Testamento, el Espíritu Santo aparecía y desaparecía. Visitaba a una persona o aparecía en una situación, hacía su obra y luego se iba; pero en el Nuevo Testamento y finalmente en la era de la Iglesia, Jesús nos dio el Espíritu Santo como un morador permanente en nuestra vida. Su unción no reposa fuera de nosotros, sino dentro. Y es constante. De hecho, no puedes ser cristiano y no estar ungido. Si eres cristiano, estás ungido.

Ahora bien, es posible que no sepas cómo usar la unción que tienes, pero eso no significa que no la tengas. La tienes. La clave es saber que la tienes y estar resuelto a usar la unción de tal manera que te beneficies de ella.

RECIBIR EL MENSAJE

Uno de los beneficios que la unción puede producir en ti es esclarecer el mensaje de Dios para ti, tanto de su Palabra como de su corazón. La función del Espíritu Santo es tomar los pensamientos de Dios y mostrártelos durante tu vida en la tierra. La tarea de la unción es darte información del cielo para que sepas cómo operar mejor de acuerdo con ella aquí en la tierra.

Sin embargo, si no sabes que la tienes, no la usarás. No te beneficiarás de ella.

Tristemente, hoy día, demasiados cristianos no saben que tienen la unción. Por lo tanto, no saben cómo usarla y, como resultado, no llegan a maximizar sus beneficios. La razón por la que tenemos tantos problemas con nuestro cuerpo y el funcionamiento externo de nuestra vida es que tenemos nuestra alma infectada, y la razón por la que nuestra alma está infectada es que nuestro espíritu humano está contaminado por el pecado.

Solo cuando la unción entra y satura el espíritu humano, este se vuelve perfecto y puro. La unción del Espíritu Santo alimenta al espíritu humano con la información y los datos que necesita para transmitir al alma, que luego los transmite al cuerpo. De modo que el cuerpo funciona diferente y nuestra vida externa está en más sintonía con Dios cuando buscamos intencionalmente la influencia de la unción que tenemos en nuestro interior.

Todos tenemos un habitante perfecto dentro de nuestro espíritu humano. Como creyentes, tenemos la unción del Espíritu Santo, pero debemos aprender a permitir que el Espíritu guíe, dirija y sature nuestra vida con su unción. Cuando el Espíritu Santo es libre de invadir nuestro espíritu humano, nuestra alma se sana. Por lo tanto, si quieres sanar tu cuerpo, primero tienes que limpiar tu alma. Y si quieres limpiar tu alma, debes comenzar a recibir la información correcta de tu espíritu. Tienes que abrir el camino para que el Espíritu Santo hable a tu espíritu mediante la decisión intencional de acceder a la unción que tienes en tu interior.

Cuando tu alma se purifica debido a la expresión del espíritu humano que ha sido impregnado con la unción del Espíritu Santo, le informa a tu cuerpo qué hacer, a tu mente qué pensar, a tus oídos qué escuchar, a tus ojos qué mirar y a tus piernas por dónde ir. Tu alma hace todo eso porque ha recibido información pura del Espíritu Santo sobre cómo actuar conforme a la voluntad de Dios.

Muchos de nosotros tenemos reguladores de luz en nuestros hogares, diseñados para subir o bajar la intensidad de la luz de una habitación de manera que sea más brillante o más tenue. Cuando el interruptor que regula la luz está apagado, no hay nada de luz. Cuando el interruptor que regula la luz está bajo, hay una luz tenue; pero cuando se sube al máximo, es cuando la luz es más brillante. Dios le ha dado a cada creyente un interruptor que regula la luz, conocido como la unción. Es la función del Espíritu Santo traer de manera progresiva la luz de la verdad de Dios a tu vida.

Ahora bien, puedes optar por mantener apagado el interruptor que regula la luz, lo que significa que no tendrás acceso a nada de la luz de la verdad de Dios. O puedes mantenerlo en un nivel bajo y obtener una luz débil de la verdad de Dios. Sin embargo, si deseas experimentar la expresión completa de la verdad de Dios y su amor, debes elevar al máximo el interruptor que regula la luz. Esto te permitirá ver desde la perspectiva de Dios.

La unción es, literalmente, el mensaje divino que puedes recibir desde que el Espíritu Santo reside en tu espíritu humano. Sin embargo, depende de ti cuánto lo aprovecharás y utilizarás. Estás autorizado para recibirlo todo, pero nadie te obligará a hacerlo. Tú tienes que tomar la decisión.

EL HOMBRE NATURAL, EL HOMBRE ESPIRITUAL

Me gustaría pedirte que leas 1 Corintios 2:9 hasta 1 Corintios 3:3 todos los días de esta semana, porque este pasaje contiene una verdad impresionante, y el versículo 9 sobresale especialmente en nuestro estudio sobre el Espíritu Santo.

> Antes bien, como está escrito:
>
> Cosas que ojo no vio, ni oído oyó,
> Ni han subido en corazón de hombre,
> Son las que Dios ha preparado para los que le aman.

Este pasaje no habla del cielo. No hace referencia a lo que experimentaremos en la gloria. Nos recuerda todo lo que tenemos a nuestra disposición mientras estamos en la tierra. Sin embargo, solo sabemos lo que Dios ha preparado para aquellos que lo amamos cuando, con intencionalidad, buscamos y accedemos a la unción del Espíritu. Cuando se enciende la unción y el interruptor que regula la luz se sube al máximo, puedes ver cosas que los ojos humanos no pueden ver. Puedes escuchar cosas que los oídos humanos no pueden oír. Tienes la oportunidad de pensar cosas que la mente humana ni siquiera puede comprender.

En otras palabras, la unción te lleva más allá del velo del mundo físico. Te muestra lo que tus ojos humanos no pueden ver. Te permite escuchar lo que tus oídos humanos no pueden captar. Te permite percibir lo que normalmente ni siquiera notarías. Te lleva del reino físico al reino espiritual para que puedas percibir, experimentar, ver y sentir lo que viene del mismo Dios.

Nunca olvides que si todo lo que ves es lo que ven tus ojos, no ves todo lo que hay para ver. Si vives limitado a tus cinco sentidos, nunca accederás a todo lo que Dios tiene reservado para ti. Esto significa que el interruptor que regula la unción está bajo o completamente apagado. Debes acceder a la capacidad de ver más allá del ámbito físico a través de tu conexión con la unción.

El pasaje de 1 Corintios entra en mayor detalle sobre este funcionamiento. Leemos un poco más sobre este concepto en el capítulo 2, versículos 10-13:

> Pero Dios nos las reveló a nosotros por el Espíritu; porque el Espíritu todo lo escudriña, aun lo profundo de Dios. Porque ¿quién de los hombres sabe las cosas del hombre, sino el espíritu del hombre que está en él? Así tampoco nadie conoció las cosas de Dios, sino el Espíritu de Dios. Y nosotros no hemos recibido el espíritu del mundo, sino el Espíritu que proviene de Dios, para que sepamos lo que Dios nos ha concedido, lo cual también hablamos, no con palabras enseñadas por sabiduría humana, sino con las que enseña el Espíritu, acomodando lo espiritual a lo espiritual.

La unción del Espíritu Santo es como un motor de búsqueda basado en Dios, porque el Espíritu escudriña lo profundo de Dios. Es el motor de Google de Dios. Es como un buzo de aguas profundas que se adentra en el abismo del pensamiento y el corazón de Dios para transferir los pensamientos de Dios a tu vida como seguidor de Él. De esta manera, te conectas con los pensamientos espirituales que existen más allá de tus sentidos físicos. La tarea del Espíritu es alcanzar la mente de Dios y transferir sus pensamientos, visiones y deseos a los creyentes. Su función es tomar la verdad y convertirla en tu experiencia al traer la verdad a tu realidad.

El Espíritu no lo hace en pro de la información, sino de la transformación. Además, todo esto es por gracia. Lo hemos recibido, como señala el pasaje, "para que sepamos lo que Dios nos ha concedido". No te cuesta nada. Una vez que aceptas a Jesucristo, estos pensamientos de Dios son gratis para ti. La sabiduría es gratis para ti. La sabiduría está presente cuando el Espíritu Santo combina pensamientos espirituales con palabras espirituales. El Espíritu se sumerge en la mente de Dios y trae a la mente humana estos pensamientos espirituales y palabras espirituales, que constituyen la verdad de las Escrituras. Esto es la unción.

Los problemas surgen cuando confiamos demasiado en nuestra propia naturaleza en lugar de confiar en la unción que hay en nuestro interior. Como señala el siguiente versículo del pasaje anterior: "Pero el hombre natural no percibe las cosas que son del Espíritu de Dios, porque para él son locura, y no las puede entender, porque se han de discernir espiritualmente" (v. 14).

En otras palabras: el no cristiano vive sin la unción. Es un "hombre natural". Y, por eso, la verdad de Dios le parece locura; pero aún más, como veremos más adelante en este pasaje, cuando tú o yo, como creyentes en Cristo, nos negamos a aprovechar la unción que hay en nuestro interior, también podemos caer en el engaño de pensar que las cosas de Dios son locura.

Sin embargo, en este grupo inicial del "hombre natural", Pablo se refiere a aquellos que ni siquiera tienen acceso a la unción del Espíritu Santo. Como una casa sin cable, la capacidad de acceder a la programación del cielo es totalmente nula. Sin esa capacidad, por mucho que lo intenten, no pueden acceder a ella.

No obstante, un segundo grupo con acceso a la unción se encuentra en los versículos 15-16 del mismo pasaje:

> En cambio el espiritual juzga todas las cosas; pero él no es juzgado de nadie. Porque ¿quién conoció la mente del Señor? ¿Quién le instruirá? Mas nosotros tenemos la mente de Cristo.

El hombre natural no tiene un receptor que capta la sabiduría de Dios. El hombre espiritual sí, pero debe mantener el receptor encendido. De ese modo, el hombre espiritual puede juzgar y evaluar todas las cosas a través de la red espiritual. Eres un cristiano espiritual solo si transmites constantemente toda la información que recibes a través de la red espiritual.

Otra forma de describirlo es "vivir con una cosmovisión cristiana". La red, o la cosmovisión, es cómo filtras lo que ves, escuchas y experimentas de tal manera de obtener un contexto y discernimiento. Cuando mantienes el interruptor que regula la luz al máximo y accedes a la unción del Espíritu Santo que hay en tu interior, entonces todo lo que captes pasará a través de la red espiritual. Las palabras espirituales de las Escrituras se combinarán con los pensamientos espirituales y producirán en ti "la mente de Cristo".

Las personas que viven con la mente de Cristo piensan como Jesús pensaría. Procesan la información como Él la procesaría y tienen una respuesta obediente a ella. El Espíritu Santo nos faculta para esta forma de vida porque tiene la capacidad de traer los pensamientos de Jesús a nuestra mente.

El tercer grupo al que hace referencia este pasaje es el del hombre espiritual que no se beneficia de la unción que hay en su interior. A diferencia del hombre natural, que no tiene acceso a la sabiduría de Dios, este hombre espiritual sí tiene acceso a ella, pero se niega a usarla, o la usa escasamente. Leemos en 1 Corintios 3:1-3:

> De manera que yo, hermanos, no pude hablaros como a espirituales, sino como a carnales, como a niños en Cristo. Os di a beber leche, y no vianda; porque aún no erais capaces, ni sois capaces todavía, porque aún sois carnales; pues habiendo entre vosotros celos, contiendas y disensiones, ¿no sois carnales, y andáis como hombres?

En este tercer grupo, la vida del creyente no parece muy distinta a la del hombre natural, ya que ambos actúan como simples hombres.

Aunque tienen la capacidad de recibir la sabiduría de Dios, este grupo de personas elige no usarla. Han bajado el interruptor que regula la luz hasta el mínimo o incluso lo han apagado. Como resultado, no obtienen acceso a la programación celestial que viene de arriba y, por lo tanto, están confinados a vivir separados de la asistencia divina.

¿QUÉ TIENE QUE VER LA PROGRAMACIÓN CON ESTO?

Mucho depende de qué tan bien podamos recibir de la unción. Una de las mejores formas que conozco para explicarlo tiene que ver con nuestra programación de TV por cable aquí en la tierra. En mi casa, tengo Direct TV y, para recibir la señal, hay un receptor en mi habitación y uno en mi estudio. Ambos están diseñados para recibir la programación de un satélite en los cielos.

Ahora bien, como sabes, si también tienes Direct TV o algún servicio similar, este receptor me permite tener acceso inmediato a cientos y cientos de estaciones que puedo ver en mi televisor, según mis preferencias. Ya sea drama, historia o noticias, para disgusto de quienes visiten mi casa, tengo acceso a todo.

Sin embargo, recientemente tuve problemas para recibir la programación a la que estaba acostumbrado. Encendí el receptor, pero no producía ninguna imagen en la pantalla de mi televisor. Verifiqué si mi receptor estaba enchufado, y lo estaba. Solo que por alguna razón mi receptor y mi televisor ya no se comunicaban.

Fue entonces cuando decidí hacer lo que siempre hago cuando me encuentro con un problema técnico: llamé a mi hija Chrystal para que viniera a ayudarme. Chrystal entiende todas las idiosincrasias que intervienen en la tecnología. Así que vino y trajo a su hermano Anthony con ella. Cuando les conté sobre el problema, fueron a la sala de estar, donde Chrystal recalibró mi conexión. De repente, la pantalla de televisión que había tenido problemas durante bastante más tiempo del que me gustaría admitir, ya estaba funcionando. Chrystal volvió a conectar el televisor a la fuente y lo arregló.

Dios tiene una programación en los lugares celestiales que quiere traer a tu existencia terrenal. Como creyente nacido de nuevo, tienes el receptor para acceder a esa programación, pero si estás viviendo como un cristiano carnal, tu conexión con el receptor no está calibrada. No recibirás la imagen que te ofrece orientación, sabiduría y dirección para tu vida.

Verás, el hecho de que tengas la unción no significa que automáticamente experimentarás la unción. Puedes experimentarla solo cuando calibras tu espíritu con el Espíritu Santo conforme a los caminos y los valores del Espíritu.

Dios tiene una programación para tu vida, pensamientos, familia, finanzas, carrera, estabilidad mental, iglesia e incluso para nuestra sociedad. Sin embargo, si no estás sincronizado con Él, no podrás acceder a nada de eso.

Lo que es interesante notar es que cuando Pablo escribió a los corintios en el pasaje que acabamos de leer, hubo una brecha de cinco años desde su primera visita hasta su carta. Eso significa que los individuos que dijo que todavía eran "carnales" ya habían sido salvos durante cinco años. Sin embargo, incluso después de ese período de tiempo, vivían como un hombre natural. Pablo los amonestó porque, después de media década, debían haber sido más maduros espiritualmente. En esencia, habían desperdiciado cinco años consecutivos de crecimiento espiritual potencial.

De hecho, en el libro de Hebreos, el escritor condena a los cristianos judíos que habían sido salvos desde el comienzo de la iglesia unos treinta años antes y aún no sabían cómo caminar de acuerdo con la unción interior (Hebreos 5:11-12). Esta es una fuerte advertencia para todos nosotros, porque no importa cuánto tiempo una persona haya estado en la iglesia, o leído la Biblia, o participado en ceremonias espirituales, debe buscar y aprovechar intencionalmente la unción del Espíritu Santo. Sin ella, el crecimiento espiritual no tendrá lugar. A lo sumo, tendrás una modificación del comportamiento por un tiempo, pero las viejas costumbres y los viejos pensamientos volverán sigilosamente siempre y cuando operes en un sistema básico arraigado en la sabiduría humana.

PERMANECER

Como vimos en las primeras páginas de 1 Juan 2, accedemos a la unción al permanecer. Una vez más, permanecer es un tema que seguirá apareciendo a medida que continuemos explorando el rol del Espíritu Santo a lo largo de este libro. Es que permanecer es la forma clave de aprovechar todo lo que el Espíritu Santo tiene reservado para nosotros.

Tú y yo debemos hacer más que visitar al Espíritu. Debemos hacer más que asistir a la iglesia los domingos. Debemos permanecer en su presencia, orar sin cesar y buscar sintonizar nuestro corazón y nuestra mente con la perspectiva de Dios para cada asunto basado en su Palabra. Si tu primera pregunta cuando surgen problemas no es *¿Qué dice Dios sobre este asunto?*, entonces no estás permaneciendo. Y si la perspectiva de Dios es lo último que tienes en cuenta, estás contaminando la verdad de Dios con mentiras.

Permanecer es un estilo de vida. Acceder a la unción es un estilo de vida. Dios no desea tus visitas los fines de semana. Él quiere que vivas con Él todo el tiempo. Cuando eso suceda, habrás puesto el interruptor que regula la luz bien alto, lo que permitirá que la programación del cielo llegue a ti y así ilumine tu mente y tus pensamientos con sabiduría celestial.

Entonces, no necesitarás que nadie te enseñe desde una perspectiva secular, no cristiana. Al estar en sintonía con la revelación de Dios, el Espíritu Santo te dará iluminación divina para que puedas experimentar una transformación personal. No necesitarás que nadie te explique las cosas a través de la sabiduría humana. Ya conocerás la verdad. Podrás ver las cosas como debes verlas, a través de tus ojos espirituales. Como escribe el salmista: "Abre mis ojos, y miraré las maravillas de tu ley" (Salmos 119:18). Llegarás a entender la Palabra de Dios por ti mismo cuando accedas a toda la unción que hay dentro de ti.

Como el siervo del que podemos leer en 2 Reyes 6:14-17, Dios te abrirá los ojos para que puedas ver el ejército espiritual que te rodea. Cuando puedas ver lo que está sucediendo en el reino espiritual, tus miedos se disiparán. Tu ansiedad se esfumará. Tu necesidad de control se rendirá y se someterá a Dios. Cuando vives en el espíritu, puedes ver las cosas en el espíritu.

Dios siempre está en medio de lo que está sucediendo. Solo que no siempre podemos verlo porque nos hemos acostumbrado mucho a usar nuestros sentidos físicos en vez de aprovechar la unción del Espíritu que está en nosotros.

Muchos de nosotros estamos siendo atacados física o emocionalmente, pero no sabemos qué hacer porque no podemos ver las cosas en el espíritu. Todo lo que vemos es lo que vemos con los ojos naturales, pero cuando todo lo que vemos es lo que vemos, no podemos ver lo que Dios está haciendo. Dios existe en el reino espiritual, y el Espíritu Santo retira las escamas de nuestros ojos para que podamos ser testigos de esa verdad por nosotros mismos.

Tienes acceso a Él ahora mismo. Tienes acceso a la visión espiritual ahora mismo. Tienes ese acceso a través de la unción que hay dentro de ti, pero depende de ti si decides usarla. Esto significa que debes rechazar la sabiduría humana que se encuentra en conflicto con la Palabra de Dios. Luego debes actuar conforme a la verdad de Dios como se revela en las Escrituras. El Espíritu Santo, entonces, aclarará y permitirá tu comprensión y experiencia de la verdad de Dios en tu vida.

5

EL SEÑOR

Antes de hablar de cómo encontramos la fortaleza del Espíritu en su próximo nombre, el Señor, hablemos de una infección llamada pecado que mora en nosotros. Nunca es agradable hablar de esto, pero es necesario.

Estoy seguro de que nunca olvidarás el inicio de la pandemia de COVID-19. La mayoría de las personas pueden recordar dónde estaban cuando se dieron cuenta por primera vez de la gravedad del virus y de los mandatos que se nos pedía que cumpliéramos.

Yo estaba en Las Vegas filmando un estudio bíblico cuando nos enteramos de que todos los hoteles estaban cerrando sus puertas, y el nuestro nos avisó con solo unas pocas horas de anticipación que debíamos empacar y salir de allí. Mientras continuaba con las filmaciones del estudio bíblico, mi asistente hablaba por teléfono con el agente de viajes en busca de vuelos. Las reservas se tuvieron que cambiar unas seis veces a causa de los vuelos cancelados o reprogramados.

Mis hijos estaban preocupados por mi bienestar, de modo que, durante los descansos de las filmaciones del estudio bíblico, hablaba por teléfono con ellos. No sabíamos cómo se estaba propagando el

COVID-19 o qué tan rápido lo estaba haciendo. Solo sabíamos que, al parecer, el mundo se estaba cerrando de la noche a la mañana. El alquiler de autos ya no era una opción e incluso surgió la idea de alquilar un autobús.

Hasta que finalmente me di cuenta de que estaba enfermo. No me sentía bien, tenía una tos leve y un poco de debilidad. El día después de llegar a casa, me diagnosticarían neumonía atípica y me tratarían con éxito, pero mientras tanto no sabía qué estaba mal. Todo lo que sabía era que un virus estaba atacando violentamente, en especial, a personas de mi edad.

Sin embargo, sabía que personas en todo el país y en todo el mundo debían de estar asustadas, de modo que necesitaba hacer lo que Dios me había llamado a hacer: predicar su Palabra a tiempo y fuera de tiempo. De modo que recorrimos Las Vegas el resto del día filmando un mensaje para llevar calma en medio del caos a nuestros oyentes de las redes sociales, así como las sesiones del estudio bíblico.

Mientras lo hacíamos, a veces tenía que susurrar para mis adentros el mismo mensaje de calma. Los sentimientos de consternación y malestar pueden perturbar a cualquiera, incluso a mí; pero, felizmente, logramos partir esa noche después de filmar todas las sesiones del estudio bíblico y el mensaje especial en las redes sociales para nuestros oyentes y televidentes sobre los temores asociados con el encierro. Tomamos el último vuelo de la ciudad a Dallas con solo unos minutos de tiempo, pero partimos y llegamos sanos y salvos a casa.

Como sabes, en las semanas, meses e incluso años siguientes, el mundo estuvo focalizado en encontrar una manera de frenar la propagación de este virus. Millones de personas perdieron la vida. Yo mismo lo contraje dos veces. Tal vez tú también o conoces a alguien que lo haya contraído. A pesar de todos nuestros mejores esfuerzos, la propagación continuó como suele ocurrir con los virus.

Qué quiero decir con esto: el virus COVID-19 no es el único virus que se ha propagado por la humanidad. Otro virus ha infectado a todos los hombres, mujeres, niños y niñas que han nacido. De hecho, no hay ninguna persona de la raza humana que no haya sido infectada y, por lo tanto, afectada por el virus conocido como el pecado que mora en nosotros.

Cuando tú y yo nacimos, no solo adquirimos cepas genéticas que son parte de nuestro ADN proveniente de nuestros padres, sino que nuestros padres también nos transfirieron una naturaleza pecaminosa, que es una naturaleza propensa a rebelarse contra las normas que Dios ha establecido. Está entretejida dentro de nuestra propia naturaleza humana, por lo que no hay una forma real de extraerla cuando se está formando una vida. Esta naturaleza pecaminosa ha transferido sus efectos dañinos a nuestra alma, que luego se manifiestan fuera de nuestro cuerpo a través de nuestras palabras o acciones.

Así es cómo cada una de nuestras almas se ha distorsionado. Cada vez que un virus infecta a un huésped, puede causar daños irreparables. En el caso del pecado, el alma se distorsiona tanto que el cuerpo termina haciendo aquello para lo cual originalmente no fue diseñado, tanto en palabras como en acciones. Las consecuencias de tales palabras y acciones provocan, entonces, un ciclo de destrucción y decadencia.

Como ya hemos visto, tu cuerpo hace lo que tu alma le dice que haga. Tu alma le dice que haga lo que tu espíritu humano consiente y alienta. Y dado que el espíritu humano ha sido infectado desde la concepción con la morada interna de la naturaleza pecaminosa, tenemos un mundo de personas que hacen todo tipo de maldad en la tierra.

Entonces, así como la pregunta de cómo frenar la propagación de COVID-19 nos obsesionó durante tanto tiempo, hay otra pregunta que también exige una respuesta: ¿Cómo tratar la infección del pecado dentro de todos nosotros?

Ahora bien, la mayoría de las veces respondemos esa pregunta con el intento de controlar la infección interna del pecado. Tratamos de contenerla o aislarla para que no se exprese en su totalidad. Por eso dedicamos tanto tiempo a enseñar y disciplinar a nuestros hijos. Nuestro objetivo es darles formas de manejar la naturaleza pecaminosa que hay dentro de ellos, a lo cual suelo denominar reforma externa en lugar de transformación interna. Intentamos tan solo camuflar el pecado que mora en nosotros a través de nuestra apariencia, el dinero que tenemos, el auto que conducimos, el lugar donde vivimos, etc. Intentamos ocultar el hecho de que hemos sido infectados.

Sin embargo, a pesar de nuestros intentos, el virus se sigue manifestando. Se manifiesta en la ira descontrolada, en el juicio o el orgullo, en las palabras que decimos y que no deberíamos haber dicho. Se revela en las adicciones. Se presenta a través del dolor emocional, el desánimo o incluso la depresión que domina nuestra mente y nuestro corazón. Nuestra alma distorsionada también distorsiona nuestra perspectiva del mundo que nos rodea, lo que nos lleva a causar estragos con nuestras propias palabras y acciones.

Si alguna vez has estado en una feria o parque de diversiones, es posible que te hayas topado con la tradicional casa de los espejos, donde esos espejos distorsionan lo que reflejan. Según la forma de cada uno de ellos te hacen ver extremadamente alto, ancho, pequeño o torcido. Tu cuerpo físico adquiere una forma y un aspecto totalmente nuevo en función del espejo que lo refleja.

De manera similar, un alma distorsionada refleja una autoimagen distorsionada que produce palabras y acciones distorsionadas que dañan vidas. Por supuesto, esta distorsión se expresa en diferentes grados y niveles de intensidad, pero todos la expresamos sin importar cuánto intentemos ocultarla.

Todo eso son noticias difíciles de asimilar, pero Dios tiene buenas noticias. Él nos ha proporcionado todo lo que necesitamos para tratar con el pecado que opera en nuestro interior. Como puedes imaginar, puesto que en este libro nos estamos concentrando en el Espíritu Santo, la solución a nuestro problema del pecado está en el Espíritu Santo. Leemos al respecto en 2 Corintios 3:17-18:

> Porque el Señor es el Espíritu; y donde está el Espíritu del Señor, allí hay libertad. Por tanto, *nosotros todos,* mirando

> a cara descubierta como en un espejo la gloria del Señor, somos transformados de gloria en gloria en la misma imagen, como por el Espíritu del Señor.

Observa las palabras: *nosotros todos* en el pasaje. Estas dos palabras son muy importantes porque indican que no existen excepciones. Dicho esto, no eres una excepción. La solución de Dios es perfecta para cualquiera que la aproveche. No importa lo que hayas pensado, dicho o hecho, Dios puede cambiar tu vida cuando aprovechas el poder del Espíritu Santo. El Espíritu tiene la fortaleza para tratar el daño hecho a tu alma desde tu niñez, exacerbado por tus circunstancias y luego irritado por tus propias acciones.

TRANSFORMACIÓN Y LIBERTAD

Así pues, encontramos la fortaleza del Espíritu al descubrir otro de sus nombres: el Señor. Ahora bien, podrías pensar que este es un nombre poco común para denominar al Espíritu Santo ya que a Jesús se lo llama frecuentemente Señor. Sin embargo, por eso es importante estudiar en profundidad al Espíritu Santo. Muchas veces lo hemos relegado a un solo rol: el de causar emocionalismo, mientras ignoramos o minimizamos sus innumerables demás roles.

Jesucristo ya no está físicamente en la tierra; está físicamente en el cielo. No obstante, si eres creyente, Jesús está espiritualmente en ti. Pero, a menudo, olvidamos que en este proceso en el que Jesús habita espiritualmente en cada uno de nosotros, lo hace por medio del Espíritu Santo.

El Señor es el Espíritu. Y como vimos en el pasaje anterior, "donde está el Espíritu del Señor, allí hay libertad". El término *libertad* indica liberación de cualquier cosa o persona que te mantenga ilegítimamente como rehén, ya sea una relación, un hábito, una actitud, una creencia o una situación. Sea lo que sea, debes comprender que tienes el Espíritu, que es Jesús el Señor, dentro de ti para hacerte libre. Un mecanismo de liberación está operando dentro de ti porque donde está el Espíritu del Señor, allí hay libertad.

El Espíritu del Señor te libera de la esclavitud a través de una estrategia específica: te transforma de dentro hacia afuera. En el último versículo del pasaje que leímos anteriormente, vemos que cada uno de nosotros está siendo transformado en una nueva imagen. Esta imagen refleja al Señor. El objetivo de Dios para cada uno de nosotros no es hacer una reforma externa. Ni siquiera es controlar el virus o lograr una reducción de contagios o contención de infecciones. El objetivo de Dios es la transformación espiritual.

La única forma de saber que estás creciendo en tu vida cristiana es ver que estás cambiando. Si no estás cambiando, eso indica que no estás creciendo. Esta es la verdad sin importar qué tan fuerte estés gritando en la iglesia o cuánto tiempo pases en tu cuarto de oración. Hasta que no sea visible y demostrable en ti lo que Dios llama transformación, no estás teniendo un crecimiento espiritual. La infección sigue operando dentro de ti. Todavía estás estornudando. Tu nariz sigue congestionada. Tu tos te sigue debilitando, en un sentido espiritual. Nada ha cambiado si no hay sanidad interna a través de una transformación.

El mecanismo de liberación que te hace libre de la esclavitud del pecado se activa a medida que hay una transformación en ti de dentro hacia afuera. A medida que tu espíritu humano se vuelve más fuerte por el Espíritu Santo que está dentro de ti, comienza a penetrar en el alma y tratar la infección del pecado que mora en ti y que se manifiesta en la carne. A medida que esta expansión del Espíritu trata la infección, el alma comienza a darle nueva información a tu cuerpo. Entonces, tu cuerpo responde con acciones más congruentes con el propio reflejo de Dios. Estás experimentando cambios externos porque estás siendo transformado por dentro.

Comprender este concepto y cómo funciona es la clave para poner en marcha el proceso de convertirte en una mejor versión de ti mismo y ser libre de la esclavitud del pecado. Si no puedes cambiar las manifestaciones físicas del efecto del pecado en tu cuerpo a pesar de todos tus mejores intentos, es porque no ha habido suficiente expansión del Espíritu del Señor en tu interior. Donde está el Espíritu del Señor, allí hay libertad.

En contraste, donde no está el Espíritu del Señor, allí hay oscuridad y servidumbre. Vemos este contraste explicado anteriormente en el pasaje de 2 Corintios:

> Pero el entendimiento de ellos se embotó; porque hasta el día de hoy, cuando leen el antiguo pacto, les queda el mismo velo no descubierto, el cual por Cristo es quitado. Y aun hasta el día de hoy, cuando se lee a Moisés, el velo está puesto sobre el corazón de ellos. Pero cuando se conviertan al Señor, el velo se quitará (2 Corintios 3:14-16).

Mientras las personas elijan vivir sin la presencia permanente del Espíritu del Señor en su interior, Jesucristo que se hace real a través de la persona del Espíritu Santo, seguirán teniendo un velo sobre su corazón. Dios embota su entendimiento y pone un velo sobre el corazón de aquellos que continúan obsesionados con la ley y no con Jesús. El antiguo pacto no hace libre a una persona. Solo el Señor puede hacerlo.

Por eso, a excepción de la presencia del Señor dentro de ti, leer la Biblia no es mejor que leer "el antiguo pacto". La Palabra Viva da origen a la Palabra escrita dentro de ti a través de la obra del Espíritu. Puedes ir a la iglesia y escuchar un sermón y salir de allí sin hacer ningún cambio. Esto se debe a que existe un velo que impide que la Palabra haga su obra en ti. La antigua modalidad no funciona en la nueva realidad.

Cuando asume oficialmente un nuevo presidente de los Estados Unidos, se produce un cambio administrativo. En otras palabras, el nuevo presidente trae una nueva administración y se elimina la anterior. Un pacto se puede comparar con una administración. En el Antiguo Testamento, Dios operaba de acuerdo con las reglas y estatutos del antiguo pacto; pero en el Nuevo Testamento y más allá, Él opera y se relaciona con nosotros de una forma completamente distinta. Mientras que, en el Antiguo Testamento y el antiguo pacto, el Espíritu Santo venía sobre las personas para darles poder o guiarlos, en la era del nuevo pacto, el Espíritu mora dentro de las personas.

En el antiguo pacto, David oró para que Dios no quitara de él su Espíritu (Salmos 51:11). Sabía lo que era vivir sin la presencia del Espíritu, por lo que deseaba fervientemente permanecer en la presencia de Dios. Sin embargo, en el nuevo pacto, el Espíritu mora continuamente dentro de los creyentes. Ha sido colocado permanentemente dentro de cada uno de nosotros, y es una forma totalmente distinta de operar. No obstante, muchas personas todavía están atrapadas en la antigua forma. Están estancados en la ley, las disposiciones y las reglas antiguas. Están tratando de controlar su alma en lugar de liberarla.

Esto me recuerda cómo (según me contaron) mi bisabuela lavaba la ropa. Probablemente, igual al trabajo que hacía tu bisabuela que fregaba y fregaba y frotaba y frotaba cada pieza de ropa en una tabla de fregar y luego fregaba un poco más para lavar la ropa. Culturas enteras en nuestro mundo hoy siguen haciendo lo mismo. Deja la ropa relativamente limpia, sí, pero no le da muchas posibilidades de durar mucho.

Hoy día, en los Estados Unidos, tenemos lavadoras eléctricas. Por lo tanto, no tenemos que usar tablas de fregar. Nuestra ropa se lava suavemente en un ciclo de centrifugado y luego se seca en otra máquina (a menos que colgar la ropa en un tendedero al sol siga siendo tu preferencia). Esta acción de lavado no solo deja la ropa limpia, sino que le permite durar años en lugar de los pocos meses que podría durar cuando se la friega y friega sobre una tabla de fregar. Si bien la forma antigua y la nueva tienen el mismo objetivo, no usan el mismo método.

No sé tú, pero yo me alegro de tener una lavadora eléctrica. Me imagino que tú también prefieres tu lavadora en lugar de la antigua forma de lavar sobre una tabla de fregar. Preferimos la lavadora a la tabla de fregar porque la lavadora nos da más potencia con menos esfuerzo.

La belleza del nuevo pacto, la obra del Espíritu Santo en el espíritu humano, es el poder incorporado que tú y yo tenemos ahora para tratar las manchas en nuestras almas. Debido a que el Espíritu del Señor ahora mora dentro de nosotros, Él nos da la oportunidad de realizar correcciones suaves y una limpieza suave para crear un corazón limpio y un alma pura. Esta nueva modalidad está diseñada para liberar a cada uno de nosotros y, al mismo tiempo, purificarnos tanto interna como externamente.

QUITAR EL VELO

Así como hay una cierta manera de hacer funcionar una lavadora, hay una cierta manera de abordar la transformación espiritual. De acuerdo con el pasaje que acabamos de ver, debes abordar este proceso sin un velo. Más en el pasado que ahora, cuando una mujer se casaba, casi siempre llevaba un velo sobre el rostro mientras caminaba por el pasillo de una iglesia. El velo tenía el objetivo de impedir una visión completa y clara de su rostro hasta que llegara al altar de la iglesia. Su presentación allí sería un momento especial entre ella y su futuro esposo.

Como pastor, he realizado numerosas ceremonias de boda en las que la novia usa un velo, y siempre hay un momento de la ceremonia cuando, por lo general, el novio o quizás el padre, levanta el velo de la novia. Casi sin falta, se oye entre los asistentes a la boda un "¡Oh!" colectivo. Lo hacen porque están contemplando la belleza de la novia. Todos pueden verla con claridad.

El pasaje que leímos anteriormente nos recuerda que el antiguo pacto incluía un velo. Aunque leían y practicaban la ley, Dios había puesto un velo sobre el corazón y la mente de aquellos que aún no tenían la morada permanente de su Espíritu. No se levantaría el velo hasta que la persona viniera al Señor, que es el Espíritu, y lo recibiera en su interior. Levantar el velo no solo le permite a la persona que está detrás del velo ver más claramente, sino que expone todo lo que alguna vez estuvo cubierto. Levantar el velo implica la voluntad de estar totalmente expuesto.

No puedes venir a Dios y ser transformado si lo haces con un espíritu de mentira y engaño. No puedes venir a Él y fingir que todo está bien y que no estás tan mal en tu interior como Él sabe que estás. No puedes venir a Dios y "aparentar algo que no eres". Solo puedes venir a Él al natural, expuesto y sin velo. Para que se produzca una transformación, no debe haber fingimiento. No debes fingirte a ti mismo, no debes fingir en el trabajo, ni en la iglesia ni a tu cónyuge, familia o amigos, no debe haber ningún fingimiento si quieres que se produzca una verdadera transformación.

Dios quiere que, cuando vengas a Él, te quites el velo, la máscara, el maquillaje. Quiere que muestres tu verdadero yo. Dado que al Espíritu Santo se lo llama Espíritu de verdad (Juan 14:17; 15:26; 16:13), Él solo puede hacer su obra de transformación cuando tratamos con Él de manera auténtica y bíblica.

Después de todo, fingir nunca ayuda a nadie en el consultorio de un médico. Si acudes a un médico y aparentas estar bien cuando no es así, es posible que el médico no realice las pruebas adecuadas para diagnosticar lo que realmente te está sucediendo. Y sin un diagnóstico oportuno o preciso, el médico no puede tratarte para que estés bien.

Entendemos esto en lo que respecta a buscar atención médica, pero de alguna manera lo olvidamos en lo que respecta a buscar sanidad espiritual. Para que Dios se ocupe de lo que sea que te esté causando una enfermedad espiritual, debes mostrarte a Él sin ocultar nada. Tal como lo harías en la sala de examen de un médico, debes darle acceso completo. Para que Dios te vea al descubierto y te sane, debes pararte ante Él al natural y sin velo.

Cada vez que encubres, escondes, mientes, niegas o aparentas lo que no eres ante Dios declaras tu renuencia a que se produzca una verdadera sanidad. No importa si estás leyendo la Biblia, orando, asistiendo a la iglesia o a un grupo pequeño. Si haces algo de eso sin el rostro descubierto, no estás buscando un cambio verdadero y radical.

Sincerarte con Dios hace que Él pueda limpiarte por dentro. Tienes que ser sincero con Él. Eso afectará tu forma de orar y hablar. Afectará tu forma de interactuar con Él y contigo mismo. Quitarte el velo expone las áreas de infección en tu interior para que el Espíritu de Dios pueda tratarlas. Debes venir a Dios como si estuvieras contemplando un espejo que refleje su gloria y sus atributos en ti. Si ese espejo está cubierto por algo, no reflejará nada.

En los días bíblicos, no se usaban espejos de vidrio porque aún no se habían creado. Se utilizaban espejos de bronce pulido. Ahora bien, el bronce pulido se usaba como un espejo, pero no se parece en nada a un espejo de vidrio. Para usar un espejo de bronce pulido, primero había que sacarle brillo al bronce, luego sostener ese espejo y moverlo para que la luz reflejara justo y la persona pudiera ver su reflejo. Tomaba un poco de tiempo jugar con el espejo de bronce hasta que se obtenía el reflejo que se quería ver.

En otras palabras, había que trabajar en eso. No era tan simple como sacar un espejo de bolsillo y ver el propio reflejo. Muchas variables tenían que coincidir para que se pudiera contemplar una imagen en el espejo en consonancia con la imagen en la vida real. Entonces, cuando en la Biblia se emplea la ilustración de un espejo, significa mucho más que un simple reflejo. Implica también el trabajo y las condiciones para que se produzca el reflejo.

Tenemos una idea de lo que podría ser este trabajo cuando se trata de nuestra propia transformación espiritual en Santiago 1:19-21:

> Por esto, mis amados hermanos, todo hombre sea pronto para oír, tardo para hablar, tardo para airarse; porque la ira del hombre no obra la justicia de Dios. Por lo cual, desechando toda inmundicia y abundancia de malicia, recibid con mansedumbre la palabra implantada, la cual puede salvar vuestras almas.

Es fundamental tener en cuenta que Santiago escribe estas instrucciones a los cristianos. Lo sabemos porque se dirige a ellos como "amados hermanos". Por lo tanto, las personas a las que se está dirigiendo ya tienen la salvación de sus almas. Es importante comprender eso, porque nos ayuda a distinguir cuando les pide que cumplan ciertas instrucciones y les dice que eso "puede salvar [sus] almas".

LA IMPLANTACIÓN

Otra forma de ver esto sería usar el término *liberar*. El alma de una persona no obtiene la salvación eterna haciendo lo que Santiago escribe en este pasaje. La salvación ha sido sellada a través de la obra expiatoria de Cristo. Sin embargo, cuando cumplimos estas instrucciones, nuestra alma se salva, o se libera, de la contaminación y la distorsión del pecado. Y esto es el resultado de recibir la Palabra que ya ha sido implantada.

La implantación de la que habla Santiago aquí es la obra del Espíritu Santo en tu espíritu humano. La implantación tiene lugar, pero, así como un cuerpo humano puede rechazar un trasplante de órgano o el implante de un dispositivo médico, debes recibir la Palabra para que el implante dé fruto y traiga la vida destinada para ti. El implante del Espíritu Santo tiene hambre del alimento de la Palabra. El Espíritu recibe el alimento cuando tú recibes la Palabra y la tomas en serio. Santiago nos muestra lo que significa recibir la Palabra en los siguientes versículos:

> Pero sed hacedores de la palabra, y no tan solamente oidores, engañándoos a vosotros mismos. Porque si alguno es oidor de la palabra pero no hacedor de ella, este es semejante al hombre que considera en un espejo su rostro natural. Porque él se considera a sí mismo, y se va, y luego olvida cómo era. Mas el que mira atentamente en la perfecta ley, la de la libertad, y persevera en ella, no siendo oidor olvidadizo, sino hacedor de la obra, este será bienaventurado en lo que hace (vv. 22-25).

La transformación no es una acción pasiva que simplemente te sucede. No te sientas a esperar que se produzca la transformación. Para tratar la infección de tu alma, primero debes acercarte a Dios a cara descubierta y luego acercarte al espejo de su Palabra escrita: la Biblia.

MIRARSE AL ESPEJO

Debes colocar el espejo de tal modo que la luz del Espíritu de Dios brille sobre él y revele la verdad que necesitas para tu transformación personal. Cuando escuchas esta verdad, debes practicarla. Como escribe Santiago: "Pero sed hacedores de la palabra, y no tan solamente oidores, engañándoos a vosotros mismos".

Cuando Santiago hace referencia al "él" que se considera a sí mismo al mirarse al espejo, usa la palabra griega para "varón". No es una palabra que incluya a toda la humanidad, ya sea hombre o mujer. Imagino que lo hace porque sabe cómo se miran los hombres al espejo. Una vez por la mañana suele ser suficiente para que nos dure todo el día, el tiempo justo para afeitarnos y peinarnos.

Sin embargo, las mujeres en general suelen usar los espejos con más detenimiento. Algunas se miran hasta en seis espejos, y los recorren uno a uno todos los días para asegurarse de que todo se vea bien: su cabello, su maquillaje, su ropa. Discúlpame por divertirme un poco con esto, pero el espejo número uno es el del baño donde se miran cuando se despiertan por la mañana. Es el que les muestra qué tan despeinado quedó su cabello de la noche a la mañana.

Su segundo espejo se llama espejo del tocador. Allí van a continuación para ocuparse de lo que vieron mal en el espejo del baño.

Después del espejo del tocador, sacan un espejo de mano para ver los ángulos que no pudieron ver en el espejo del tocador.

Luego está el espejo número cuatro. Este es el espejo de cuerpo completo, donde se miran el atuendo y los zapatos y se dan la vuelta para asegurarse de que todo se vea bien.

Probablemente, hayas adivinado que el quinto espejo está en la visera de su automóvil o, a veces, es el espejo retrovisor. Sin embargo, no se termina allí, porque el sexto espejo está cómodamente guardado en sus bolsos para sacarlo cuando no tengan cerca ninguno de los cinco espejos anteriores.

Desde luego, esta es una de las razones por las que las mujeres generalmente se ven geniales, mientras que los hombres aparecen con el cabello despeinado o restos de comida entre los dientes.

Cuando Santiago dice que debemos ser como alguien que "mira atentamente en la perfecta ley, la de la libertad, y persevera en ella, no siendo oidor olvidadizo, sino hacedor de la obra"; la palabra clave aquí es *atentamente*. Santiago utiliza esta ilustración para enfatizar el concepto de que para experimentar la transformación, salvación o liberación de tu alma debes leer atentamente las Escrituras a cara descubierta (con tu rostro natural tal cual es) y aplicar su verdad a tu corazón.

Entonces, eso se manifestará en tus acciones. Te convertirás en un hacedor de la Palabra, porque la transformación interna redundará en la obediencia externa. Querrás obedecer la Palabra de Dios en lugar de sentirte obligado a obedecerla. Debemos leer y meditar en su Palabra hasta que veamos cómo aplicarla a nuestros propios problemas.

Muchos leen la Biblia solo para determinar cómo se aplica a los demás. La leen para poder juzgar a los demás o exigirles una moralidad que ni siquiera ellos mismos poseen; pero Dios quiere que mires la Palabra como una mujer se miraría al espejo. Debes permanecer en ella hasta que veas tu propio reflejo asociado a ella. Solo entonces sabrás lo que necesitas corregir para que refleje esa verdad. Debes permanecer en el espejo de la Palabra hasta que estés completamente expuesto. Nuestra nueva naturaleza tiene hambre del alimento de la Palabra.

El espejo resalta la realidad. Te muestra lo que está mal. Te muestra lo que necesitas corregir. Te muestra lo que es real, tal como hacen los espejos. Cuando lees la Palabra de Dios como si te miraras en un espejo para que el Espíritu la use en tu vida, ya no estás leyendo solo una página. Estás leyendo acerca de tu propia personalidad expuesta en la Palabra. El Espíritu del Señor te hace libre de la esclavitud y te libera de la muerte espiritual al alumbrar con la Palabra tu espíritu, que luego alimenta tu alma y afecta positivamente tu cuerpo.

No debemos ser solo oidores de la Palabra. Cada uno de nosotros debe ser un hacedor de la Palabra. Así como el término *Señor* se otorga a alguien que generalmente gobierna sobre otro, la Palabra debe gobernar nuestro espíritu interior. La Palabra debe influir en nuestras acciones. La Palabra promueve y produce crecimiento cuando la contemplamos y permanecemos en ella por el poder del Espíritu.

Si no estás cambiando o creciendo espiritualmente en tu vida en el Espíritu, no estás viniendo a Dios con sinceridad y sin velo o no estás permitiendo que la Palabra refleje tu propia vida al descubierto. Cuando puedes hacer ambas cosas de manera consistente, se produce un cambio en tu interior. El Espíritu del Señor te da libertad para vivir semejante a Cristo en tus acciones, actitudes, carácter y conducta. Empiezas a parecerte a Jesús a medida que miras atentamente tu vida.

Después de todo, esa es la meta del Espíritu. Hemos recibido el Espíritu para que podamos glorificar a Cristo. El Espíritu Santo mora en nosotros para que sepamos lo que significa rendirse realmente al Señor de señores y Rey de reyes en todo lo que pensamos, decimos y hacemos. Progresivamente, serás transformado de gloria en gloria, es decir, de un nivel de crecimiento espiritual al siguiente. Serás liberado para ser todo aquello para lo que fuiste diseñado.

Cuando una mujer está embarazada, se nota. Su apetito cambia. Su estado de ánimo cambia. Su cuerpo cambia. Se nota porque la vida está creciendo en su interior. Cuando recibes la Palabra implantada en ti, cuando permaneces y permites que haga su obra en ti, también se nota. Tus opciones de entretenimiento cambian. Tus palabras cambian. Incluso tus emociones y tu estado de ánimo cambian. Todo cambia debido a la nueva vida que crece dentro de ti.

Y así como una mujer depende de la intimidad física para crear la nueva vida dentro de ella, el Espíritu Santo depende de la intimidad espiritual para hacer lo mismo. Es en la cercanía y autenticidad de tu relación con el Espíritu del Señor, que crecerá en ti la libertad que has estado deseando todo este tiempo. El Espíritu Santo entró en ti en la concepción de tu salvación, pero para que el Espíritu crezca dentro de ti, necesitas relacionarte y tener intimidad con la Palabra de Dios de tal manera que te muestre a ti al descubierto y produzca el crecimiento espiritual que necesitas y deseas.

6

EL VINO

Antes de estudiar este próximo nombre del Espíritu Santo, el Vino, hablemos del adormecimiento.

Todos sabemos cómo es despertarse con una alarma del teléfono o con una configuración de encendido rápido de la radio. Sabemos cómo es despertarse de un estado de inconsciencia a un estado de realidad consciente. A veces parece suceder en el momento más inoportuno. Estamos profundamente dormidos disfrutando del descanso que nuestro cuerpo necesita. No estamos listos para levantarnos. No queremos levantarnos, pero programamos la alarma porque sabíamos que teníamos que despertarnos.

Ya sea el sonido de una alarma o el suave toque de un cónyuge nos despiertan para avisarnos que es hora de comenzar el día. Ya no es tiempo de estar acostados y remolonear en la cama debajo de las sábanas. Hay un mundo que nos llama a estar activos y participar. Es hora de despertar.

Pablo estaba preocupado cuando le escribió a la iglesia de Éfeso; estaba preocupado por su estado de adormecimiento continuo. Sabía que necesitaba despertarlos de su sueño. Incluso sacudirlos para que se despertaran. Tenían que despertar a la nueva realidad espiritual en la que vivían y operaban.

Los cristianos de Éfeso vivían en una cultura predominantemente pagana, una sociedad claramente en contra de Dios. Esa cultura no respetaba sus valores, y sus habitantes ciertamente no operaban de acuerdo con las pautas divinas. No consideraban que debían aclimatarse a ninguna perspectiva del reino que no fuera la de sus propios reinos individuales.

Sin embargo, en medio del caos desatado en Éfeso vivía este grupo de creyentes que había tomado la decisión radical de creer en Cristo como su Salvador. Estos creyentes habían emprendido un camino hacia la transformación; pero, tristemente, en el trayecto cayeron en un estupor espiritual, si no en un estado de inconsciencia.

Por eso, a lo largo de su carta a los Efesios, Pablo los amonesta a reconocer que ya no operan desde un lugar en la tierra. Les recuerda que ahora operan desde los lugares celestiales. Está tratando de ayudarlos a ver que existe una esfera espiritual desde la cual necesitan aprender a vivir su vida. Los insta a vivir con esta mentalidad y perspectiva de reino, lo que determinará las decisiones que tomen.

Leemos sus intentos por despertarlos en Efesios 5:14: "Por lo cual dice: Despiértate, tú que duermes, y levántate de los muertos, y te alumbrará Cristo". Pablo está preocupado porque los cristianos de Éfeso están espiritualmente dormidos. Están focalizados en lo físico a tal grado que han llegado a ignorar por completo lo espiritual. La cultura los ha adormecido y ha embotado su percepción espiritual.

Lamentablemente, lo que sucedía a los cristianos de Éfeso también sucede a los cristianos de hoy. Hay demasiados creyentes espiritualmente dormidos. Están adormecidos a la orientación del reino que debe regir sus vidas. Sus sentidos están sintonizados con el mundo secular junto con todas sus historias, intrigas y dramas. Y, como resultado, estamos atravesando un tiempo en el que gran parte de nuestra sociedad son muertos vivientes. Somos parte de un mundo de zombis espirituales, porque cada vez que las personas operan en el mundo físico sin una orientación adecuada al reino espiritual, operarán como muertos.

Este orden mundial está dirigido por Satanás, y su objetivo es mantener a las personas espiritualmente separadas de la fuente de vida, Dios mismo. Además, ha tenido bastante práctica y se ha vuelto muy hábil en eso.

Pablo intentaba combatir este ataque espiritual a los nuevos creyentes y ayudarlos a aclimatarse más a las verdades espirituales. Una de las principales verdades espirituales que pretendía enseñarles era sobre el Espíritu Santo y su rol en ayudar a los santos a vivir una vida del reino en una tierra secular. Quería que los creyentes despertaran, porque sabía que, en ese estado de ausentismo, adormecimiento y sopor de los cristianos, Satanás lograría mantenerlos ineficaces como agentes de influencia del reino.

Lo mismo nos sucede a nosotros hoy. Debemos despertar. Debemos escuchar el despertador del cielo o seguiremos siendo ineficaces para ejercer una buena influencia en el mundo para Dios.

SÉ SABIO Y DESPIERTA

En Efesios 5:15, Pablo exhortó: "Mirad, pues, con diligencia cómo andéis". No estaba hablando de su manera de andar, sino de su manera de vivir. Les advirtió que tuvieran cuidado de no vivir "como necios sino como sabios, aprovechando bien el tiempo, porque los días son malos" (vv. 15-16). Quería que dejaran de perder el tiempo que se les había dado; que dejaran de matar el tiempo de manera ociosa; que dejaran de vivir como holgazanes. Los instó a que, en cambio, tomaran las decisiones correctas que trajeran la luz de Dios a un mundo en tinieblas. Pablo lo sabía en ese entonces como nosotros lo sabemos ahora. La razón por la que quería esto era porque los días son malos.

No te equivoques, vivimos en un mundo de maldad. El mal nos rodea por doquier. Jesús derrotó a Satanás en la cruz, pero Satanás todavía tiene una larga correa que le permite operar en la tierra hasta el regreso final de Jesús. Afirmar que Satanás se ha aprovechado al máximo de esa correa es quedarse corto. En detrimento de muchos en todo el mundo, está de fiesta.

No tenemos tiempo para estar apoltronados en un estado perpetuo de comodidad. En cambio, debemos hacer lo que Pablo instó a continuación: "Por tanto, no seáis insensatos, sino entendidos de cuál sea la voluntad del Señor" (Efesios 5:17). Debemos entender cuál es la voluntad de Dios para poder promulgarla. Debemos aprender a ver la vida desde la perspectiva de Dios para cumplir sus propósitos no solo en nuestra vida individual, sino también como comunidad cristiana. Dios desea obrar tanto en nosotros como a través de nosotros para el bien de los demás y el avance de los planes de su reino en la tierra.

Sin embargo, no podemos hacerlo si no despertamos.

Pablo explica el proceso de despertar en los siguientes versículos de este capítulo al contrastar algo con lo que la mayoría de los seres humanos pueden identificarse (beber alcohol) con la experiencia de ser llenos del Espíritu Santo.

Ahora bien, si no bebes alcohol, al menos no hasta el punto de emborracharte, probablemente puedas identificarte con esta ilustración al observar cómo actúan otras personas cuando están ebrias. Estoy seguro de que has visto a alguien ebrio en una película, en una obra de teatro o simplemente entre el público en general.

En la época de Pablo, beber era una costumbre popular, por lo que sabía que su audiencia se identificaría con lo que les diría. Lo leemos en Efesios 5:18: "No os embriaguéis con vino, en lo cual hay disolución; antes bien sed llenos del Espíritu".

Y ahora llegamos al nombre de este capítulo para el Espíritu Santo: el Vino.

Pablo compara lo que sucede cuando una persona bebe demasiado vino con lo que puede suceder cuando estamos llenos del Espíritu. Nos anima a cada uno de nosotros a estar espiritualmente llenos o embriagados del Espíritu en lugar de estar llenos o embriagados de alcohol.

Cuando tú y yo estamos llenos del Espíritu Santo, Él es libre de influenciar nuestros pensamientos y nuestra conducta. De manera similar, cuando una persona está ebria de vino, es obvio que el vino está influenciando lo que dice, cómo lo dice, cómo camina, las decisiones que toma y mucho más. En realidad, no tienes que mirar demasiado a alguien ebrio para descubrir cuál es la influencia dominante en ese momento. Sabes que la persona está ebria porque está actuando fuera de sus parámetros normales.

Por ejemplo, cuando los oficiales de policía detienen a los conductores sospechosamente borrachos, a menudo realizan una prueba de sobriedad. Parte de esa prueba es determinar si los conductores pueden caminar en línea recta. Si están realmente borrachos, no podrán hacerlo. Caminarán en zigzag o trastabillarán o ambas cosas a la vez porque el alcohol ha afectado su comportamiento.

Lo que Pablo quería ilustrar a través de esta comparación con el vino es que la llenura del Espíritu Santo también debería afectar el comportamiento, aunque, por supuesto, para bien. Debería ser obvio para quienes nos rodean que estamos espiritualmente ebrios. Si nos sentimos tan inundados por la llenura del Espíritu que ya no operamos dentro de nuestros parámetros normales (que a veces no son tan buenos), todos podrán ver el cambio en nosotros. La llenura del Espíritu está diseñada para producir diferencias de comportamiento perceptibles.

Lleno del Espíritu, tu perspectiva debería ser diferente. Tus normas deberían ser diferentes. Tus palabras definitivamente deberían ser diferentes. Incluso tu audacia para llevar a cabo la voluntad de Dios debería ser diferente. Si recuerdas, el día de Pentecostés en Hechos 2, las personas pensaban que Pedro y los demás discípulos habían bebido demasiado. Pensaban que estaban ebrios.

> Entonces Pedro, poniéndose en pie con los once, alzó la voz y les habló diciendo: Varones judíos, y todos los que habitáis en Jerusalén, esto os sea notorio, y oíd mis palabras. Porque estos no están ebrios, como vosotros suponéis,

> puesto que es la hora tercera del día. Mas esto es lo dicho por el profeta Joel:
>
> Y en los postreros días, dice Dios,
> Derramaré de mi Espíritu sobre toda carne (vv. 14-17).

Pedro explicó a los espectadores que lo que estaban viendo era real. El cambio en los hombres y en su forma de hablar fue radical, pero ese cambio no se debía al alcohol, sino al derramamiento del Espíritu de Dios sobre ellos.

Este mismo Espíritu dado a los discípulos en ese momento está en ti. Como creyente en Cristo, has recibido el Espíritu, pero poseer el Espíritu no es lo mismo que estar bajo la influencia del Espíritu. Él está allí, seguro, pero puede que no tenga el control. Tienes que entregar el control al Espíritu para que Él te llene.

LOS SORBOS DE VINO NO ALCANZAN

Dios quiere que todos los cristianos vivan bajo la influencia dominante del Espíritu Santo. El mundo debería notar que hay algo muy diferente en ti, pero eso solo puede suceder cuando permites que el Espíritu te llene por completo. Así como un sorbo de vino no tendría incidencia en el comportamiento de una persona, un sorbo del Espíritu de vez en cuando tampoco la tendrá. Debes estar lleno.

Lucas 4:1-2 lo expresa así: "Jesús, lleno del Espíritu Santo, volvió del Jordán, y fue llevado por el Espíritu al desierto por cuarenta días, y era tentado por el diablo. Y no comió nada en aquellos días, pasados los cuales, tuvo hambre". La palabra que se refiere a que Jesús estaba "lleno" del Espíritu Santo indica que estaba "inundado" por su presencia. El Espíritu ejercía una influencia tan fuerte en Él, que incluso se dejó llevar por el Espíritu al desierto para enfrentar al diablo.

Cada vez que estás lleno de algo, ese algo te controla. Tal vez estés lleno de tristeza, una condición que Jesús atribuyó a sus discípulos en Juan 16:6. Estaban tristes porque Él les anunció que los dejaría, y esa tristeza estaba gobernando sus emociones y acciones. O tal vez estés lleno de ira tal como Lucas describe a los habitantes de Nazaret, la ciudad natal de Jesús, cuando se enfurecieron tanto por sus enseñanzas que, literalmente, quisieron tirarlo por un precipicio (Lucas 4:28-29).

En otras palabras, estar "lleno" de algo significa ceder el control a ese algo o alguien. ¿Alguna vez viste a una persona tan furiosa que parecía estar desquiciada? Estaba tan desquiciada que no consideró las consecuencias de su comportamiento e hizo cosas de las que luego se arrepintió.

El mundo fue testigo de este tipo de ira en vivo en sus pantallas de televisión (o en informes posteriores) cuando, durante la ceremonia de los Premios de la Academia 2022 de la industria cinematográfica, el actor Will Smith se enojó con el comediante Chris Rock y luego lo abofeteó cuando uno de sus chistes, según Will Smith, era una falta de respeto para su esposa, Jada. Will Smith se enfureció tanto, que la ira dominó su comportamiento y convirtió lo que debería haber sido una noche de disfrute en una noche de destrucción y trauma nacional.

Nuestras emociones pueden inundarnos tanto como los efectos del alcohol. O, a menudo, ambas cosas se combinan para formar una dosis letal que afecta negativamente la capacidad de tomar decisiones. Demasiado whisky puede conducir a un alma al frenesí, pero Dios quiere influenciarte para bien, no para destrucción. Por eso, Él puso su Espíritu a tu disposición, para que puedas ser lleno del Espíritu a tal grado que el Espíritu guíe tus caminos.

SER LLENO NO ES SOLO UNA OPCIÓN

Para combatir la maldad de este mundo con el bien, necesitas dejarte influenciar por Dios. Su Espíritu dentro de ti es lo que te permitirá maximizar el tiempo que tienes para combatir el mal de la cultura. Y el Espíritu Santo te proporciona lo que necesitas incluso de maneras que no sabías que lo necesitabas.

En su idioma original, la expresión de la Biblia "sed llenos" cuando habla del Espíritu Santo está en voz pasiva, en modo imperativo plural presente. Eso significa que es un mandato, no una sugerencia. Dios no te está pidiendo que consideres ser lleno. Tampoco está recomendando que seas lleno. Pablo, bajo la guía del Espíritu al escribir este pasaje de Efesios, está *mandando* que seas lleno. Si quieres tener acceso a la voluntad de Dios para que puedas maximizar tu vida como un agente de influencia en esta tierra, debes estar lleno. No es una opción.

Ahora bien, puedes rechazar el mandato de ser lleno, pero si decides rechazarlo, permanecerás en un estado de adormecimiento mental que te hará incapaz incluso de discernir la dirección de Dios y mucho más de utilizar su poder. Por eso Pablo escribe que debemos ser llenos.

Sin embargo, el mandato que da Pablo además está, curiosamente, en voz pasiva. Eso implica permitir que se haga algo, no hacerlo tú mismo. Por ejemplo, si tuviera que decir: "fui a la tienda", es una expresión en voz activa. Significaría que fui físicamente a la tienda. Sin embargo, si tuviera que decir: "me llevaste a la tienda", entonces sería una acción pasiva. También fui a la tienda, pero esta vez alguien me llevó allí. No fui por mis propios medios.

Ser lleno del Espíritu Santo es un mandato pasivo. En otras palabras, no te llenas a ti mismo; el Espíritu Santo te llena. Entonces, cuando Pablo nos insta a ser llenos, en realidad nos está instando a que no impidamos que el Espíritu Santo nos llene. Nos insta a permitir que el Espíritu haga lo que solo el Espíritu puede hacer en nosotros. Debemos dejar de resistirnos a la obra del Espíritu Santo, porque es al darle libertad de obrar dentro de nosotros que descubrimos el poder que Él tiene para darnos.

Ahora bien, la expresión también es plural, no singular. El Espíritu Santo ha venido a llenarnos a todos como el cuerpo de Jesucristo en su conjunto. Cuando Pablo escribió a la iglesia de Éfeso, escribió a toda la iglesia. No estaba señalando a ninguna persona. Instó a todos los santos allí a despertar al Espíritu que moraba en ellos.

Tal como tú esperarías que todos los vehículos tuvieran combustible (gasolina o electricidad), Dios espera que cada cristiano esté lleno del Espíritu. Los vehículos están hechos para funcionar con combustible. Un coche sin combustible es un coche inútil. Asimismo, un cristiano sin la llenura del Espíritu es un cristiano inútil. Es inaceptable que un creyente diga: "Otras personas están llenas del Espíritu, pero parece que yo no puedo estarlo. No sé cómo ser como ellos".

Una vez más, ser lleno del Espíritu no es algo que tú haces, sino algo que permites que hagan contigo. Tú tienes tanto acceso a la llenura del Espíritu Santo como lo tengo yo. Cuantos más creyentes operen constantemente con la llenura del Espíritu en una iglesia, más fuerte será esa iglesia. Cuantos menos operen con la llenura del Espíritu, más débil será.

Todos tenemos igual acceso al Espíritu. Es más, dado que vemos que Pablo usa el tiempo presente para la palabra *llenos*, debemos permitir que esa llenura sea una acción continua, en todo momento. No es algo que se hace una vez y listo. Así como no llenarías el tanque de tu automóvil con gasolina o lo cargarías con electricidad una vez y listo. No puedes vivir con la llenura del Espíritu Santo de ayer. Lo que recibiste ayer era para ayer. El Espíritu Santo debe llenarte todos los días de tu vida.

Tal vez conozcas cristianos a los que les gusta hablar sobre lo que Dios hizo por ellos ayer, o incluso hace unos meses o años. A veces incluso hace décadas. Es casi como si Dios no hubiera hecho nada por ellos últimamente. Cuando los testimonios de la obra de Dios en la vida de alguien hablan solo del pasado, hay que preguntarse si esa persona se ha vuelto a dormir en su vida espiritual.

El Espíritu Santo es un participante presente en las realidades de la vida. Así como un automóvil necesita más combustible para seguir en marcha (o una persona necesita más alcohol para volver a emborracharse), la llenura del Espíritu Santo no ocurre solo una vez. Es una llenura continua que permites que te suceda con regularidad.

Es probable que la mayoría de nosotros sepamos lo que es irse de un servicio religioso o de una reunión espiritual y sentirse lleno del

Espíritu Santo. De alguna manera, estar junto a otros buscadores de Dios permite que el Espíritu llene aún más a aquellos que están abiertos a Él. La atmósfera en estas situaciones a menudo está llena de la presencia de Dios.

Sin embargo, es probable que también sepamos lo que es llegar al estacionamiento después de uno de esos servicios o reuniones y sentir que la presencia del Espíritu se está disipando. Al sentarnos en nuestro automóvil y escuchar los ruidos a nuestro alrededor, o entablar una conversación con nuestro cónyuge, o encender la radio para escuchar las noticias o incluso meternos en el tráfico podemos sentir literalmente que se esfuma y se retira. Ya no nos sentimos tan espirituales como minutos antes dentro de las puertas del edificio. Si bien dijimos "Amén" y "Aleluya" en el servicio; esas palabras ya no están en nuestros labios, e incluso se filtra en nosotros un sentimiento de frustración y desencanto.

Al igual que cuando un automóvil sale de la gasolinera, el combustible ha comenzado a quemarse.

Lamentablemente, demasiadas personas confían en que recibirán esa llenura en un servicio de la iglesia o en algún otro lugar externo al que puedan conectarse. Sin embargo, si eso no sucede las 24 horas del día, los 7 días de la semana, no tendrás el combustible necesario para enfrentar la vida. Esa clase de llenura, que depende de quienes te rodean para servir de catalizador, no dura para siempre. Depende de ti descubrir cómo permitir que predomine en tu vida diaria una atmósfera llena del Espíritu Santo. Debes tomar la decisión y dar los pasos necesarios para fomentar esa vida llena del Espíritu.

LOS PASOS NECESARIOS PARA SER LLENOS

No puedes estar lleno del Espíritu si estás lleno de ti mismo o de pecado. No puedes estar lleno del Espíritu si estás lleno del último programa de televisión o del rendimiento fluctuante de tu equipo deportivo local. No puedes estar lleno del Espíritu si estás concentrado la mayor parte del tiempo en algo que no sea la obra del Espíritu en tu vida. El Espíritu Santo te llenará solo en la medida en que hagas espacio para que Él lo haga.

Hacer espacio implica una acción clave: rendirse a Jesucristo. Hasta que no te rindas a Él, hasta que no le entregues tu vida continuamente mientras te vacías de cualquier otra cosa, no serás lleno del Espíritu. Eso incluye llenarte de ti mismo. Cada vez que te eliges a ti mismo sobre Jesús, el Espíritu Santo no tiene espacio.

En el capítulo 5, versículos 18 al 21, de la carta de Pablo a la iglesia de Éfeso, se nos explica cómo abrirnos a la llenura del Espíritu y rendirnos a Jesús. Tienes un papel participativo en la obra de Dios en tu vida.

> No os embriaguéis con vino, en lo cual hay disolución; antes bien sed llenos del Espíritu, hablando entre vosotros con salmos, con himnos y cánticos espirituales, cantando y alabando al Señor en vuestros corazones; dando siempre gracias por todo al Dios y Padre, en el nombre de nuestro Señor Jesucristo. Someteos unos a otros en el temor de Dios.

En este pasaje, Pablo enumera una serie de medidas que podemos tomar para facilitar la llenura del Espíritu. No obstante, para resumir, debemos servir constantemente a Dios y también a otros con un buen corazón. Pablo insiste en decir que debemos hablar "entre [nosotros]" con cánticos espirituales, pero también "al Señor". También enfatiza la acción de gracias como generadora de una atmósfera que permite al Espíritu llenarnos. Pablo expresó un concepto muy similar a los creyentes de Colosas cuando escribió:

> La palabra de Cristo more en abundancia en vosotros, enseñándoos y exhortándoos unos a otros en toda sabiduría, cantando con gracia en vuestros corazones al Señor con salmos e himnos y cánticos espirituales. Y todo lo que hacéis,

> sea de palabra o de hecho, hacedlo todo en el nombre del Señor Jesús, dando gracias a Dios Padre por medio de él (Colosenses 3:16-17).

Cada vez que priorizamos la Palabra de Dios a través de un corazón agradecido y rendido para servir a Dios y a nuestros semejantes, hemos creado la atmósfera para la llenura del Espíritu. Lo que Pablo enfatiza en ambos pasajes es un estilo de vida, no un hecho puntual.

Para muchos de nosotros, la adoración, la gratitud e incluso el servicio son cosas que hacemos, no un estilo de vida que practicamos. Damos gracias en noviembre cuando el Día de Acción de Gracias nos lo recuerda. O adoramos el domingo porque las puertas de la iglesia se han abierto. O servimos cuando la iglesia organiza una colecta de alimentos o una actividad especial para alcanzar a los perdidos el sábado, pero no lo hacemos en ningún otro momento ni en ningún otro lugar.

Sin embargo, Pablo advierte que nada de eso servirá cuando se trata de ser llenos del Espíritu. Solo cuando practicamos una vida de servicio (cantar alabanzas a Dios y exhortarnos unos a otros, leer su Palabra, rendirnos a la Palabra de Cristo y hablar de Él a los demás en todo momento) estamos fomentando la atmósfera propicia para la llenura del Espíritu.

Volvamos a nuestra comparación entre el vino del alcohol y el vino del Espíritu. Estoy seguro de que está familiarizado con el término *bebedor social.* Es alguien que bebe en reuniones sociales solo para adaptarse al grupo. No planea emborracharse. De hecho, muchos bebedores sociales no quieren emborracharse porque no les gusta la idea de perder el control de sus facultades mentales. Solo están tratando de socializar con un sorbo de vez en cuando.

Esto también sucede dentro del cristianismo. Tenemos "cristianos sociales". Volviendo a usar el concepto de beber un sorbo, estas personas beben sorbos del Espíritu para verse bien y adaptarse al grupo. Beben una oración de vez en cuando, pero no quieren tener nada que ver con ser llenos por completo del Espíritu de Dios. Quieren mantener su propio control.

Sin embargo, beber solo sorbos del Espíritu nunca dará acceso a todo el poder del Espíritu. Por lo que sé, solo hay una forma de emborracharse. Tienes que beber. No te emborrachas con solo mirar el vino. No te emborrachas con solo pensar en el vino. No te emborrachas con solo elogiar ciertos aspectos del vino. Tampoco te emborrachas con solo leer sobre el vino. Te emborrachas al beber vino, y mucho. Todas esas otras cosas pueden hacerte parecer informado y educado, pero no te emborracharán.

Del mismo modo, nunca te embriagarás del Espíritu Santo con solo pensar en Él, hablar de Él, leer acerca de Él o ver a alguien lleno de Él. Te embriagas del Espíritu solo al beber de Él, y con regularidad. Debes mantener un contacto continuo con el Espíritu mientras fomentas una atmósfera propicia para su llenura. Esto incluye juntarte con otros creyentes llenos del Espíritu para que puedan permanecer espiritualmente embriagados por el Espíritu, tal como lo hacían los creyentes de la iglesia primitiva (Hechos 4:31).

Si quieres esa llenura, pero no sabes por dónde empezar, Lucas 11:13 te da una buena idea: "Pues si vosotros, siendo malos, sabéis dar buenas dádivas a vuestros hijos, ¿cuánto más vuestro Padre celestial dará el Espíritu Santo a los que se lo pidan?". Comienza por pedir ser lleno. Comienza por decirle a Dios que quieres ser lleno. Comienza por recordarle tan a menudo como puedas que deseas experimentar la llenura del Espíritu en tu vida. Luego haz lo que Pablo exhortó a hacer tanto a la iglesia de Éfeso como a la de Colosas: comienza a servir a Dios y a los demás cada vez que tengas la oportunidad.

Cuando combines tus peticiones a Dios de que derrame la llenura del Espíritu sobre ti con tu participación activa en la extensión de su reino en la tierra a través de tu servicio a Él y a los demás, tendrás una experiencia completamente nueva con Dios. El Espíritu Santo se volverá más real para ti de lo que jamás ha sido.

Por consiguiente, serás transformado. De hecho, tu transformación será tan notable, que incluso aquellos que te rodean harán comentarios sobre tu cambio y preguntarán qué te sucedió. Te convertirás en un testigo para el mundo, una alarma de tu propia acción que contribuirá al despertar de los que están dormidos.

7

EL FRUTO

Este capítulo trata sobre el Espíritu Santo como el Fruto, pero primero hablaremos de los cangrejos.

Una de las cosas que me encantaba hacer cuando era niño en Baltimore era comer cangrejos al vapor. Y todavía me encanta comerlos cada vez que regreso allí para dar una conferencia o visitar a la familia. Maryland es famosa por tener uno de los mejores cangrejos del país, que se capturan por millones en la bahía de Chesapeake. La gente celebra fiestas de cangrejos. Es muy frecuente encontrar una fiesta de cangrejos en algún lugar. Los cangrejos se han convertido en el manjar famoso del estado. De hecho, vienen personas de todo el país para comer estos crustáceos al vapor bien sazonados.

Cada vez que mi papá podía permitirse ese lujo, traía cangrejos a casa el viernes por la noche, algo que esperaba con ansias durante toda la semana. Mis hermanos, mi hermana, mis padres y yo disfrutábamos de ese delicioso manjar durante toda la noche. Se convirtió en una tradición familiar; una tradición que repito en la mayoría de las visitas a esa ciudad.

Ahora bien, si alguna vez viste cangrejos vivos al vapor (sí, son mejores cuando se cocinan vivos), probablemente hayas notado un detalle sobre el proceso. Cuando el agua se calienta, intentan escapar. Quieren salir del agua hirviendo, pero inevitablemente, cuando un cangrejo trata de salir de la olla, otro cangrejo lo agarra y lo hunde porque también quiere salir de la olla ardiente, o pisa al primer cangrejo para tratar de llegar hasta arriba.

Ese ciclo continúa mientras un cangrejo tras otro intenta salir, solo para evitar que todos lo hagan. Se atacan con sus garras y se devoran unos a otros en el mismo lugar donde comparten su destrucción.

Pablo estaba preocupado por esta mentalidad de cangrejo en las iglesias de Galacia. Le preocupaba que los cristianos se devoraran unos a otros. Y leemos acerca de su preocupación en Gálatas 5:13-15:

> Porque vosotros, hermanos, a libertad fuisteis llamados; solamente que no uséis la libertad como ocasión para la carne, sino servíos por amor los unos a los otros. Porque toda la ley en esta sola palabra se cumple: Amarás a tu prójimo como a ti mismo. Pero si os mordéis y os coméis unos a otros, mirad que también no os consumáis unos a otros.

Pablo expresó su preocupación de que los cristianos se estaban devorando y destruyendo unos a otros en lugar de apoyarse, servirse, ayudarse, edificarse y amarse unos a otros. En lugar de hacer aquello para lo que Dios los había creado, estaban hundiendo a otros como cangrejos vivos en una olla de agua hirviendo. Pablo se refirió a esto con palabras duras: os *mordéis* y os *coméis*.

Tengo curiosidad por saber qué diría Pablo si pasara unos momentos en Twitter u otras plataformas de redes sociales y tuviera un vistazo de lo que publican los cristianos. O si visitara una iglesia o un grupo pequeño y escuchara la murmuración a espalda de otros. Los problemas que prevalecen hoy a nuestro alrededor, ya sean culturales, raciales, políticos o de cualquier otro tipo, han incitado una atmósfera de odio mordaz.

Sin embargo, aunque esta puede ser la realidad que se vive en el mundo como regla general, no debe ser la norma entre el pueblo de Dios. Dios no quiere que nos acusemos, nos arañemos y nos hundamos unos a otros en nuestra desesperación por llegar arriba. Más bien, nos quiere a todos fuera de la olla. Quiere que todos experimentemos la libertad bíblica, que seamos libres de la esclavitud ilegítima, para que podamos maximizar nuestro llamado y potencial espiritual.

EL FRUTO DEL ESPÍRITU

Este nombre, el Fruto, que representa la persona y obra del Espíritu Santo, es clave para ayudarnos a cada uno de nosotros a explotar nuestro mayor potencial para Cristo. El fruto del Espíritu es la facultad que Él tiene de ayudar a los creyentes a dar *su* fruto.

Pablo habla del Espíritu como un árbol que produce frutos, que permite a los creyentes maximizar su productividad espiritual y su carácter cristiano. Después de amonestar a los cristianos de Galacia, les indica cómo deberían tratarse unos a otros. Les presenta el fruto del Espíritu, y aprendemos acerca de este fruto en Gálatas 5:22-26:

> Mas el fruto del Espíritu es amor, gozo, paz, paciencia, benignidad, bondad, fe, mansedumbre, templanza; contra tales cosas no hay ley. Pero los que son de Cristo han crucificado la carne con sus pasiones y deseos. Si vivimos por el Espíritu, andemos también por el Espíritu. No nos hagamos vanagloriosos, irritándonos unos a otros, envidiándonos unos a otros.

Pablo enfatiza cómo debemos relacionarnos unos con otros y reflejar la persona y obra del Espíritu Santo dentro de nosotros. En lugar de ser destructivos unos con otros, debemos ser siempre agentes sanadores. En lugar de reñir, culpar y traicionar en el cuerpo de Cristo, debemos reflejar el fruto del Espíritu. Solo el Espíritu puede tratar y restaurar la profunda división que se ha producido sigilosamente en los círculos cristianos de hoy.

El antídoto para la calamidad y el caos entre nosotros, particularmente entre los creyentes, es el Espíritu. Debemos andar conforme al Espíritu, no conforme a nuestra carne. Pablo nos explica cómo hacerlo si nos tomamos un momento para retroceder en el pasaje de Gálatas y leer los versículos 16-18:

> Digo, pues: Andad en el Espíritu, y no satisfagáis los deseos de la carne. Porque el deseo de la carne es contra el Espíritu, y el del Espíritu es contra la carne; y estos se oponen entre sí, para que no hagáis lo que quisiereis. Pero si sois guiados por el Espíritu, no estáis bajo la ley.

Pablo nos advierte sobre una guerra civil que se está librando entre la carne y el Espíritu dentro de nosotros. La carne es ese deseo en ti de complacerte a ti mismo independientemente de Dios. En otras palabras, quieres complacerte a ti mismo más allá de los medios que Dios ha ordenado. Sin embargo, el Espíritu es la presencia de Cristo dentro de cada uno de nosotros, que despierta el deseo de complacer a Dios incluso más de lo que pretendemos complacernos a nosotros mismos.

Pablo explica que la diferencia aquí la determina el deseo. La guerra civil que se libra en el interior tiene que ver con un deseo que busca ser satisfecho, y que luego trata de extinguir el deseo de complacer a Dios. El Espíritu quiere complacer a Dios; la carne quiere complacernos a nosotros mismos. Estos dos deseos entran en conflicto internamente; un conflicto con el que todo creyente tiene que lidiar.

EL PECADO PERMANECE

Antes de ser salvo, solo tenías que tratar con la carne. Tenías una naturaleza pecaminosa, que actuaba como una fábrica para producir mucho pecado. Así como una fábrica de automóviles produce automóviles, tu naturaleza pecaminosa producía pensamientos, deseos y actos pecaminosos. Sin embargo, cuando aceptaste a Jesucristo, Dios cerró la fábrica del pecado en tu vida. La fábrica se cerró porque Dios te dio una nueva naturaleza. Como vemos en 2 Corintios 5:17: "De modo que si alguno está en Cristo, nueva criatura es; las cosas viejas pasaron; he aquí todas son hechas nuevas".

La nueva criatura es el Espíritu que está dentro de ti, pero hay un tema que a menudo confunde a los creyentes: si la fábrica del pecado se cerró y ha sido reemplazada por una nueva criatura, el Espíritu, entonces, ¿por qué todavía tenemos que luchar con nuestra carne?

La razón es que la fábrica ya ha producido los "automóviles" y están "en la carretera". Cuando una fábrica de automóviles cierra, los automóviles que produjo no dejan de estar en la carretera. Continúan circulando. De manera similar, la naturaleza pecaminosa dentro de nosotros produjo pensamientos, puntos de vista, aspiraciones y actos pecaminosos, que produce un efecto dominó de ciclos habituales que continúan en el tiempo en nuestra alma y nuestro cuerpo.

Una de las razones por las que tenemos que morir antes de ir al cielo o Dios tiene que transformarnos en el rapto, es porque el cuerpo de este mundo ha sido contaminado por los vehículos que siguen circulando, y que fueron producidos en la fábrica del pecado que todos poseíamos al nacer. Se ha infiltrado en nuestro ser y en el mundo. Ahora bien, no solo debemos lidiar con nuestra propia pecaminosidad, sino también contra el pecado de todos los demás. Todos hemos contribuido a una atmósfera de pecado que se reproduce en pensamientos, palabras y acciones. Cuando vayamos al cielo, se nos dará un cuerpo nuevo habitado por un alma perfectamente transformada para que podamos operar en una atmósfera de pureza; pero, mientras tanto, mientras vivimos entre la humanidad no redimida, seguimos enfrentando el engaño y las trampas del pecado.

En otras palabras, el pecado todavía opera no solo en el mundo, sino también dentro de cada creyente. Pablo se refiere a nuestro cuerpo como el cuerpo del pecado. Esta es la razón por la que tenemos las luchas que tenemos. De hecho, una de las formas de saber que eres espiritual es porque estás en guerra contra la tentación. También puedes darte cuenta de que estás creciendo espiritualmente porque el Espíritu lucha contra la carne y la carne lucha contra el Espíritu. La tentación es la apelación al deseo del pecado que está incorporado a la carne. Eso conduce siempre a la satisfacción de ese deseo independientemente de Dios.

La solución para no ceder a la tentación está en el Espíritu. Como Pablo mencionó en Gálatas 5:16: "Digo, pues: Andad en el Espíritu, y no satisfagáis los deseos de la carne".

No se vence la carne corrigiendo la carne. La carne es incorregible. No puedes evitar que tu carne sea carnal; ya ha sido invadida por el pecado. Y eso aparece a muy temprana edad. Mi bisnieta mayor ilustró muy bien esta verdad recientemente. Su nombre es Ellie y, al igual que otros niños, le encanta llevarse comestibles de la cocina a escondidas. Ese día, aunque la habían corregido por esa desobediencia varias veces, se llevó un helado y lo escondió debajo de su cama. Planeaba comérselo tan pronto como sus padres no estuvieran cerca, ¡con suerte antes que se derritiera!

El problema es que su hermanito encontró el helado y, en vez de encubrirla y hacer un trato para compartir el helado, la delató.

Estoy seguro de que has visto cosas similares con tus hijos o con los niños que conoces, o tal vez cometiste actos furtivos como ese cuando eras niño. La razón es que los niños, aunque sean tan pequeños, saben cómo pecar. Está incorporado a su propia naturaleza. Está incorporado a su carne. Nunca tenemos que enseñarle a un niño a mentir, robar o desobedecer. No tenemos que enseñarle a hacer una maldad.

Más bien, tenemos que enseñar a los niños a hacer el bien. Tenemos que enseñarles a compartir, a ser amables y a ser considerados. Tenemos que enseñarles a tener gratitud, paciencia y compasión. Es que la naturaleza pecaminosa de cada uno de ellos domina su vida hasta que aprenden a andar en el Espíritu.

La gente gasta una cantidad desmesurada de dinero en consejería y todo tipo de terapias para intentar que la carne sea menos carnal. Y si bien creo que la consejería y la terapia son importantes (y he aconsejado a miles de personas en mi función como pastor), la pregunta final siempre es si se le permite al Espíritu imponerse sobre la carne. Sin comprender esta verdad, tenemos que conformarnos con tener un manejo de la carne en lugar de una transformación espiritual.

Cualquier fisicoculturista sabe que nuestro cuerpo está compuesto de grasa y músculo. A menudo, si queremos perder grasa, también debemos tratar de desarrollar músculo. No podemos convertir la grasa en músculo. La grasa es grasa. El músculo es músculo. Tenemos que perder grasa y desarrollar músculo, pero nunca podemos convertir la grasa en músculo porque son dos realidades distintas en nuestra estructura física.

De manera similar, la carne y el Espíritu son distintos. Naciste con la carne, pero no te librarás de ella tratando de convertirla en el Espíritu. No puedes regular tu propia carne en obediencia. Solo puedes minimizar la influencia de la carne mientras simultáneamente fortaleces la influencia del Espíritu en tu vida. Minimizas el poder de la carne a medida que vives cada vez más en el Espíritu.

Pablo lo expresó de la siguiente manera en Gálatas 3:1-5:

> ¡Oh gálatas insensatos! ¿quién os fascinó para no obedecer a la verdad, a vosotros ante cuyos ojos Jesucristo fue ya presentado claramente entre vosotros como crucificado? Esto solo quiero saber de vosotros: ¿Recibisteis el Espíritu por las obras de la ley, o por el oír con fe? ¿Tan necios sois? ¿Habiendo comenzado por el Espíritu, ahora vais a acabar por la carne? ¿Tantas cosas habéis padecido en vano? si es que realmente fue en vano. Aquel, pues, que os suministra el Espíritu, y hace maravillas entre vosotros, ¿lo hace por las obras de la ley, o por el oír con fe?

Pablo les mostró a los gálatas que habían sido engañados por programas, sermones y otras enseñanzas sobre el manejo de la carne. Habían creído la mentira que muchos predicadores promueven hoy día: que su tarea es corregir la carne. Sin embargo, el objetivo de la vida cristiana nunca es corregir la carne. El objetivo del Espíritu Santo es imponerse sobre la carne. No puedes cambiar la carne de manera que deje de ser lo que es. Solo puedes experimentar la verdadera transformación al permitir que la persona y la obra del Espíritu se manifiesten en tu vida. Cuando andas en el Espíritu, dice Pablo en Gálatas 5:16, no cumplirás los deseos de la carne.

Ahora bien, ten en cuenta que Pablo no dice que ya no tendrás deseos de la carne. No dice que tu carne no pecará más o no codiciará nunca más. Lo que Pablo dice es que ya no cumplirás los deseos de la carne. Su declaración nos muestra que aún podemos sentir deseos, pero que no los cumpliremos.

Pablo habla por experiencia cuando escribe a la iglesia de Galacia. En el libro de Romanos describe su lucha personal con la carne. Si lees el capítulo 7, lo verás luchando con la carne. No indica cuál es específicamente esa cosa carnal con la que está luchando, pero nos hace ver que es algo difícil de superar. De hecho, llega incluso al punto de una profunda desesperación. En Romanos 7:24 clama: "¡Miserable de mí! ¿quién me librará de este cuerpo de muerte?".

Pablo deseaba desesperadamente ser libre. Su carne continuaba incitándolo a hacer lo que no quería hacer. Luchó con eso hasta que llegó a una conclusión que nos reveló en Romanos 8:1-4:

> Ahora, pues, ninguna condenación hay para los que están en Cristo Jesús, los que no andan conforme a la carne, sino conforme al Espíritu. Porque la ley del Espíritu de vida en Cristo Jesús me ha librado de la ley del pecado y de la muerte. Porque lo que era imposible para la ley, por cuanto era débil por la carne, Dios, enviando a su Hijo en semejanza de carne de pecado y a causa del pecado, condenó al pecado en la carne; para que la justicia de la ley

> se cumpliese en nosotros, que no andamos conforme a la carne, sino conforme al Espíritu.

Si quieres vencer la carne, lo harás si aprendes a andar en el Espíritu. Pablo tuvo que comprender esto en su propia vida, como todos nosotros. No se trata de llegar al punto en que nunca sientas o experimentes tentaciones o deseos carnales. No se trata de perfeccionarte a ti mismo. Se trata de aprender a no ceder más a tales deseos para que la carne no domine tus decisiones.

Ceder al deseo es totalmente diferente a tener deseo. La carne aparecerá amenazante, pero la forma de vencer su influencia en tu vida no es tratar de obedecer todas las leyes dadas a la humanidad, sino reconocer que solo conforme con la ley del Espíritu y al andar en el Espíritu, Él hará su obra en ti para liberarte del control de la carne.

LA SOLUCIÓN: APRENDER A ANDAR EN EL ESPÍRITU

La ley de la gravedad es una ley no negociable. Es así como funciona nuestro mundo. Todo lo que sube tiene que bajar. Es una ley física. Podemos volar en un avión y no estrellarnos debido a la ley de la gravedad. ¿Por qué? Porque otra ley reemplaza la ley de la gravedad: la ley de la aerodinámica. Esta ley declara que cuando te mueves a cierta velocidad y con la correcta propulsión, no invalidas la gravedad, sino que te impones sobre ella. La gravedad todavía existe y hace lo que la gravedad siempre hace, pero la propulsión del motor del avión junto con su velocidad eleva al avión fuera del dominio absoluto de la gravedad. La gravedad ya no tiene la última palabra cuando se trata de volar en avión.

El Espíritu actúa tal como lo hace ley de la aerodinámica con la ley de la gravedad. Si bien hay una ley del pecado que hace la guerra a los miembros de nuestro cuerpo, la ley del Espíritu puede imponerse sobre la ley del pecado y nos permite pasar por encima de ella. La solución a cada problema relacional que enfrentas se encuentra en aprender a andar en el Espíritu. La solución a cada conflicto interno o deseo carnal que enfrentas se encuentra en aprender a andar en el Espíritu. La solución a cada adicción o mal hábito que enfrentas se encuentra en aprender a andar en el Espíritu. De hecho, la solución a cualquier problema de pecado que enfrentes se encuentra en este mismo proceso de aprender a andar en el Espíritu.

No importa qué tan fuerte sea la atracción del pecado sobre tu carne y tus deseos, no tendrá la última palabra cuando la ley del Espíritu se desate en tu vida. La persona y obra del Espíritu produce el fruto del Espíritu en ti, que luego se expande y expresa a través de tu vida. Así como la gravedad hará todo lo que esté a su alcance para tratar de evitar que un avión despegue, el pecado también tratará de mantenerte atrapado en sus garras. Por eso debes desatar todo el poder del Espíritu para que puedas beneficiarte de su fuerza superior.

Ahora bien, a tu carne no le gusta que permitas al Espíritu influir en cada elección o decisión que tomes. Quiere que pienses solo en ti, pero cuando dejas de intentar vencer a la carne o la sometes a golpes y te das cuenta de que la carne siempre será la carne, puedes acceder a una ley superior. La ley del amor, tal como se manifiesta en la ley del Espíritu, se impone sobre el control de la carne en ti para que el Espíritu pueda producir fruto en tu vida.

Desatas esta ley de amor en tu vida cuando andas en el Espíritu. Andar o caminar es una excelente analogía, porque nos ofrece tres áreas a considerar sobre cómo debemos vivir: destino, dependencia y dedicación.

1. Destino

Primero, cuando caminas, siempre tienes un destino en mente. Vas a alguna parte. Rara vez alguien camina sin rumbo a menos que algo ande mal en la mente de esa persona. De manera similar, cuando caminas, te mueves hacia ese destino. No solo piensas en eso. Por lo tanto, andar en el Espíritu no es algo pasivo. No implica sentarte y esperar recibir un impulso del cielo. Tú caminas mientras el Espíritu te da poder.

Andar en el Espíritu significa buscar activamente el destino de la madurez espiritual y la influencia del reino. Significa caminar en la voluntad de Dios para tu vida. Y para caminar en la voluntad de Dios, que es el ámbito del Espíritu, debes tomar la decisión consciente de identificar la voluntad de Dios y caminar en dirección a ella. Ahora bien, identificar la voluntad de Dios tiene su propio desafío, pero se puede hacer basado en la Palabra de Dios y la iluminación que recibes del Espíritu. Invitar al Espíritu a la actividad de la atmósfera de tu llamado y crecimiento personal encenderá el interruptor en tu espíritu para discernir la voluntad de Dios.

2. Dependencia

En segundo lugar, cuando se trata de caminar, existe una dependencia. Pones un pie delante del otro y apoyas todo tu peso en una pierna hasta que puedas apoyarlo en la otra. Dependes de tus piernas para llegar a donde necesitas ir. De manera similar, cuando decides caminar en el Espíritu, estás renunciando a depender de ti mismo y en cambio eliges depender de Dios. Ya no cuentas con tu carne para llegar a donde necesitas ir. Cuentas con Dios para hacerlo. Esta dependencia se expresa a través de la oración.

3. Dedicación

Tercero, caminar siempre incluye dedicación. No puedes hacerlo a medias si planeas llegar a alguna parte. No das un paso adelante y luego dos pasos atrás, o solo un paso y luego te detienes. Eso no se considera caminar. Caminar implica estar dedicado a moverte constantemente hacia un destino. Implica estar comprometido.

Si decides salir de tu casa a caminar para hacer un poco de ejercicio y, por lo general, te gusta recorrer un circuito de tres kilómetros, no puedes interrumpir tu caminata al segundo kilómetro. No puedes sentarte en el camino o en la acera y decir que eso es todo lo que vas a caminar en el día. Tendrás que tener la suficiente dedicación para terminar el circuito.

Andar en el Espíritu también requiere dedicación. Requiere movimientos que demuestren que crees lo que el Espíritu Santo te está diciendo acerca de la voluntad de Dios. Dios quiere ver tu fe, no solo escuchar acerca de tu fe. Quiere ver los pasos que estás dando para descubrir y cumplir su voluntad en tu vida. Estos pasos de fe confirman tu fe y activan la obra del Espíritu en tu vida.

Después de todo, la fe no es un sentimiento. Puedes estar lleno de fe y no tener ningún sentimiento al respecto. O puedes tener muchos sentimientos, pero no tener fe. La fe es fe cuando se demuestra por cómo te mueves, no solo por lo que dices o sientes.

DESCANSA EN EL ESPÍRITU MIENTRAS APRENDES

Andar en el Espíritu es una acción, y es similar a andar por fe. Puede que no lo hagas perfectamente al principio, pero está bien. A veces puede que tengas que ejercitar los músculos antes de poder emprender caminatas más largas. O quizás tengas que aprender del todo a caminar. Sea cual sea tu caso, el Espíritu Santo está ahí para ayudarte.

Estoy seguro de que has visto a un bebé en la etapa de aprender a caminar. Se cae muchas veces. Podría dar solo un paso o tal vez dos antes de caerse. Sea como sea, puedes estar seguro de que los padres o abuelos del bebé aplauden y animan al bebé a seguir caminando. ¿Crees que alguna vez regañarían a ese bebé por solo dar uno o dos pasos y caerse? ¿O alguna vez se sentirían decepcionados cuando el bebé se cae a cada rato? No, yo tampoco lo creo. Por lo general, corren a ayudar al bebé a levantarse e intentarlo de nuevo.

El Espíritu Santo no se ríe de nosotros por tratar de caminar por fe y fallar. No sostiene un cartel que dice que debemos caminar quince kilómetros con fajas ajustables a nuestro cuerpo con pesas. El Espíritu Santo está ahí para ayudarnos a aprender a caminar espiritualmente a cada paso del camino. Finalmente, al igual que con los bebés, caminar en fe se convertirá en nuestra segunda naturaleza. Se convertirá en un estilo de vida, pero hasta que llegue ese momento, no dudes en descansar en el Espíritu para que te ayude a desarrollar y fortalecer tus músculos espirituales. Confía en el Espíritu, y Él te guiará en tu crecimiento. Romanos 8:5-6 es un gran recordatorio de cómo funciona esto:

> Porque los que son de la carne piensan en las cosas de la carne; pero los que son del Espíritu, en las cosas del Espíritu. Porque el ocuparse de la carne es muerte, pero el ocuparse del Espíritu es vida y paz.

Básicamente, este pasaje señala que, si tenemos problemas para andar en el Espíritu, es porque tenemos problemas con nuestros pensamientos. No estamos pensando en cosas buenas. No estamos pensando de manera espiritual. Cuando tú y yo elegimos pensar en cosas de la carne mediante la sabiduría humana, dejamos de andar en el Espíritu. Perdemos la vida y la paz que provienen de caminar con Él. Caminar con otra persona es una actividad relacional, y andar en el Espíritu no es diferente. Presta atención al Espíritu mientras caminas con Él. Así es como descubrirás el poder y la presencia de su amor.

Gálatas 5:18 nos muestra lo que sucede cuando seguimos la guía del Espíritu en nuestra vida: "Si sois guiados por el Espíritu, no estáis bajo la ley". Así como la ley de la aerodinámica vence la ley de la gravedad, ser guiados por el Espíritu te libera de las cadenas de la ley del pecado. ¿Alguna vez has visto al dueño de un perro cómo usa la correa? Maneja su distancia y movimiento con la correa porque no quiere que se le escape el perro. Lo hace para proteger a su mascota.

Sin embargo, otros perros están entrenados para permanecer cerca de sus dueños sin correa. Su relación es tan fuerte que no necesitan ninguna restricción para evitar que se escapen. Cuando tú y yo desarrollamos una relación cercana con el Espíritu Santo, somos libres del poder de la ley sobre nosotros. La ley no necesita tomarnos como rehenes, porque hemos elegido obedecer la ley del amor, el primer mandamiento de Dios: amar a Dios y amar al prójimo.

DAR BUENOS FRUTOS

Las obras de nuestra carne están siempre centradas en nosotros mismos. El fruto que se come a sí mismo está podrido, pero el fruto del Espíritu siempre es beneficioso para los demás, y sabrás cuán bien estás andando en el Espíritu por tus obras. Jesús dijo algo similar en Juan 13:35: "En esto conocerán todos que sois mis discípulos, si tuviereis amor los unos con los otros". El fruto revelará dónde está tu corazón.

Cabe repetir que Pablo lo expresó de la siguiente manera en la misma carta a las iglesias de Galacia, que hemos analizado en este capítulo:

> Mas el fruto del Espíritu es amor, gozo, paz, paciencia, benignidad, bondad, fe, mansedumbre, templanza; contra tales cosas no hay ley. Pero los que son de Cristo han crucificado la carne con sus pasiones y deseos. Si vivimos por el Espíritu, andemos también por el Espíritu (Gálatas 5:22-25).

No hay ley contra esa clase de fruto. Además, ese fruto dará más fruto según su propia especie. Cuando caminas de acuerdo con la persona y la obra del Espíritu dentro de ti, no solo te impondrás sobre la atracción que ejerce el pecado en ti, sino que al mismo tiempo darás frutos buenos y vivificantes que traerán gloria a Dios, bien al prójimo y alegría a tu vida. Todo esto es gratuito para ti si solo decides andar en el Espíritu.

Toma la decisión de levantarte y empezar a moverte hacia el destino de la voluntad de Dios para tu vida conforme a su Palabra. Depende del Espíritu para hacer su voluntad. Y mantente determinado y comprometido a seguir adelante sin importar lo que suceda en el camino. Cuando lo hagas, te sorprenderás de cuán grande es el plan que Dios tiene para ti y cuán perfecto es el destino que Él ha elegido para ti.

8

EL INTERCESOR

Aunque solo sea a través de películas o series de televisión, todos sabemos que el dolor asociado con el parto es real. Sin embargo, los gemidos de una mujer en trabajo de parto, que suenan a malas noticias, indican una buena situación. El parto duele, sí, pero es porque un nuevo ser está por nacer.

Ahora lo entiendo. El hecho de que un nuevo ser esté por venir al mundo no niega el dolor del proceso, pero el dolor del proceso tampoco se limita al dolor. El dolor existe para producir una mayor alegría y una mejor realidad.

Esta realidad nos muestra a todos que la vida duele. La vida nos depara dificultades, traumas e imprevistos que, a menudo, llegan en el momento más inesperado. A todos nos encantaría una vida sin dolor, angustia ni tristeza; pero, por la experiencia, sabes que esa no es la realidad. Insisto, la vida duele. Y tal como lo he experimentado en carne propia recientemente, a veces las circunstancias y la pérdida te afectan y te infectan a tal grado que todo lo que puedes hacer es gemir.

¿Alguna vez te ha sucedido? ¿Sabes lo que es quedarte sin palabras para explicar lo que estás pasando? ¿Has experimentado temporadas en las que ya ni siquiera tienes fuerzas para orar?

En un momento u otro, a la mayoría nos ha sucedido. Por eso, Dios nos ha dado este próximo nombre del Espíritu Santo. En Romanos 8, seguimos leyendo acerca de la lucha de Pablo entre la carne y el espíritu, y allí encontramos un atributo del carácter y rol del Espíritu Santo muy poderoso y necesario: el Intercesor.

Un intercesor apela ante alguien por una situación u otra persona. Es un intermediario, como un abogado que defiende los casos de sus clientes ante un juez o un jurado. Intercede por situaciones que han devenido en problemas o dificultades. Y Romanos 8 señala que tenemos un intercesor cuando la vida nos hace gemir. Tenemos un representante cuando enfrentamos sufrimiento. En resumen, tenemos esperanza.

EL INTERCESOR TRAE ESPERANZA

El sufrimiento es el dolor por las circunstancias negativas o incluso expectativas insatisfechas. Cuando este dolor cala tan hondo que oprime, necesitas que alguien más te ayude. Pablo estaba íntimamente familiarizado con este dolor y escribió al respecto en Romanos 8:22-25:

> Porque sabemos que toda la creación gime a una, y a una está con dolores de parto hasta ahora; y no solo ella, sino que también nosotros mismos, que tenemos las primicias del Espíritu, nosotros también gemimos dentro de nosotros mismos, esperando la adopción, la redención de nuestro cuerpo. Porque en esperanza fuimos salvos; pero la esperanza que se ve, no es esperanza; porque lo que alguno ve, ¿a qué esperarlo? Pero si esperamos lo que no vemos, con paciencia lo aguardamos.

Pablo comienza explicando que el sufrimiento es literalmente parte del orden creado. Relaciona el gemido de los dolores de parto con el gemido de la tierra misma a través de la creación. Esto nos ofrece una forma teológica y espiritual de entender los terremotos, tsunamis, huracanes, tornados y otros desastres naturales, que parecen surgir de la nada, incluida una pandemia causada por un virus. Cuando sobrevienen estas calamidades, no son circunstancias benignas; sino que causan estragos en la vida de quienes son afectados por ellas, pero también causan estragos en el medio natural del mundo.

Estos son los gemidos del globo terrestre, que nos indica que la creación misma está sufriendo. Vivir en este mundo es vivir en un mundo que gime.

Sin embargo, Pablo reflexiona sobre esto y lo compara con nuestro propio dolor al señalar que los gemidos de la creación somo como los de una mujer que está dando a luz. Estos gemidos solo se vuelven más fuertes y más frecuentes cuando ser acerca el nacimiento del bebé. Los gemidos más frecuentes y más fuertes a menudo indican que el bebé está a punto de nacer. Las Escrituras declaran que podemos reconocer las señales de los últimos tiempos de manera similar cuando Dios está a punto de dar a luz una nueva dispensación. Jesús se refirió a los terremotos y otros sucesos naturales como un indicador previo a la gran persecución de los cristianos en la tierra. Leemos esto en Lucas 21:7, 10-11:

> Y le preguntaron, diciendo: Maestro, ¿cuándo será esto? ¿y qué señal habrá cuando estas cosas estén para suceder?... Entonces les dijo: Se levantará nación contra nación, y reino contra reino; y habrá grandes terremotos, y en diferentes lugares hambres y pestilencias; y habrá terror y grandes señales del cielo.

Cuando consideramos el sufrimiento solo por el sufrimiento en sí y no lo vemos a través de una perspectiva teológica, no comprendemos el significado espiritual detrás de él. Si solo ves el dolor, pasarás por alto el propósito. Debes cooperar con el propósito para que el propósito produzca fruto, pero cuando no podemos cooperar por falta de fuerzas o por cualquier otra razón, Dios nos ha proporcionado un intercesor. Cuando solo podemos gemir por nuestra propia enfermedad o por la de un ser querido o cuando nos enfrentamos a una pérdida personal, el Espíritu Santo es nuestra fuente de fortaleza.

Si alguna vez has gemido de decepción con las personas, incluso contigo mismo, o con tu carrera o tus sueños que se frustraron y te causaron un dolor interno, sabes cuán importante es este nombre del Espíritu Santo. Si tienes un dolor en el alma, que hace que toda esperanza dentro de ti se derrumbe como si un tornado interno desgarrara el centro mismo de tu ser, este nombre es para ti. Porque si eres creyente, tienes a Alguien que te ama tanto y se preocupa por ti tanto que intercede por ti.

No obstante, para que el Espíritu Santo, como intercesor, interceda por ti, debes recurrir a Él para que lo haga.

El sufrimiento es solo un recordatorio para cada uno de nosotros de que esta vida no es todo lo que hay. Este mundo no es todo lo que existe. Jamás deberíamos considerarlo más de lo que es, aunque es muy fácil hacerlo. De modo que cuando estás gimiendo en lo más profundo de tu alma como una mujer gime en el trabajo de parto para dar a luz, es hora de cambiar de perspectiva. El dolor está diseñado para producir un cambio espiritual y, si no logras hacer ese cambio espiritual, tendrás que lidiar solo con la pérdida.

Por eso Dios nos permite tener recordatorios que nos obliguen a tener una perspectiva espiritual. A veces, Dios usará a tus seres queridos como un recordatorio. A veces, usará nuestras emociones. Y, a veces, usará nuestro cuerpo. Dios permite que las molestias, los dolores y los moretones nos den una nueva perspectiva.

Sin embargo, cada vez que tú o yo no permitimos que los gemidos recalibren nuestra forma de ver las cosas, tampoco experimentamos el beneficio del Intercesor. Romanos 8:6 explica la diferencia entre experimentar o no al Espíritu: "Porque el ocuparse de la carne es muerte, pero el ocuparse del Espíritu es vida y paz".

El ocuparse de la carne (que solo ve la vida a través de una perspectiva humana) no experimenta vida y paz. Opera desde el punto de vista de una funeraria. Cuando nuestra mente se concentra en las limitaciones humanas de esta vida, vivimos en el reino de la muerte. Nunca llegamos a conocer la realidad de Dios en la tierra porque estamos limitados por la nuestra. El resultado final de toda carne es la muerte. Ya sea la muerte de los sueños, las esperanzas, los deseos o incluso nuestra realidad física, este mundo ofrece solo lo que queda en este mundo.

Sin embargo, el ocuparse del Espíritu es vida y paz. Es como salir de una funeraria un día brillante y soleado y escuchar el canto de las aves, sentir la agradable brisa que pasa junto a ti y ver los pimpollos en flor, con el conocimiento de que el reino espiritual va más allá de las paredes de nuestros cinco sentidos. Si vives la vida sin Dios y su perspectiva, vives sin una perspectiva eterna. La vida y la paz se encuentran solo cuando comprendes la naturaleza espiritual del alma que has tenido la bendición de encarnar en forma humana.

No obstante, es fácil olvidar la perspectiva espiritual cuando el dolor físico domina nuestros pensamientos, motivo por el cual Pablo nos recuerda el rol clave del Espíritu al escribir:

> Y de igual manera el Espíritu nos ayuda en nuestra debilidad; pues qué hemos de pedir como conviene, no lo sabemos, pero el Espíritu mismo intercede por nosotros con gemidos indecibles (Romanos 8:26).

Cuando el dolor es tan profundo que ni siquiera puedes pronunciar palabras o todo lo que puedes hacer es llorar porque el dolor es como un huracán por dentro, el Espíritu Santo está ahí para ayudarte. El Espíritu te ayuda más cuando estás en tu punto más bajo, en tu debilidad. Pablo explica que es entonces cuando Él intercede por nosotros con gemidos indecibles. El Espíritu se dirige a Dios en nombre de nosotros para conseguir nuestro alivio y la salida de la profundidad del dolor que nos envuelve.

LA TRANSPARENCIA DE PABLO

Pablo no escribió esta verdad desde una mera perspectiva intelectual. Conocía el dolor personalmente. Se refirió a una temporada específica de dificultades como una gran prueba de tribulación. Contó que la situación se agravó tanto que llegó a perder la esperanza. Podría decirse que el hombre más espiritual del Nuevo Testamento llegó a un punto en el que lo mejor que podía esperar en su vida era la muerte. No te quedes con mis palabras, escucha al mismo Pablo:

> Porque hermanos, no queremos que ignoréis acerca de nuestra tribulación que nos sobrevino en Asia; pues fuimos abrumados sobremanera más allá de nuestras fuerzas, de tal modo que aun perdimos la esperanza de conservar la vida. Pero tuvimos en nosotros mismos sentencia de muerte, para que no confiásemos en nosotros mismos (2 Corintios 1:8-9).

La expresión de Pablo "sentencia de muerte" era solo otra forma de decir que tenía pensamientos suicidas. Cuando la muerte parece más brillante que la vida, una persona está teniendo una actitud suicida. Por lo tanto, incluso las personas espirituales pueden llegar a ese punto. Incluso las personas espirituales pueden desear la muerte más que la vida o ser libres de las limitaciones de este mundo. Pueden volverse tan débiles que ya no saben cómo harán para resistir.

Espero que la transparencia de Pablo te ayude a tener más coraje. Espero que su desesperación te levante un poco el ánimo, aunque solo sea porque sabes que no estás solo. No eres el único que ha llegado al punto de querer renunciar, darte por vencido o tirar la toalla. Cuando la vida se te viene encima y te sientes oprimido por todos lados, consuélate de saber que otros también se han hundido en el mismo pozo. Otros se han trepado por las paredes del pozo sin saber si seguir subiendo o simplemente dejarse caer.

El apóstol Pablo es uno de ellos. Entonces, si él pudo tocar fondo, cualquiera puede hacerlo. Las personas espirituales pueden y tocan fondo. Somos humanos. Y la vida duele.

Sin embargo, a medida que continuamos leyendo este pasaje de 2 Corintios, Pablo nos da una idea de por qué a veces Dios nos permite enfrentar más de lo que podemos soportar por nosotros mismos. Pablo escribe lo siguiente:

> Pero tuvimos en nosotros mismos sentencia de muerte, para que no confiásemos en nosotros mismos, sino en Dios que resucita a los muertos; el cual nos libró, y nos libra, y en quien esperamos que aún nos librará, de tan gran muerte (vv. 9-10).

Pablo se vio obligado a adoptar una perspectiva espiritual cuando la vida se volvió demasiado difícil de manejar por sí mismo. Fue entonces cuando se dio cuenta de que Dios le había permitido atravesar todo eso para que aprendiera esta valiosa lección: siempre es mejor esperar en Dios que confiar en uno mismo.

Esta puede parecer una lección fácil de decir, pero vivir de acuerdo con esta verdad es mucho más difícil. Cuando comprendes esta verdad, las decisiones que tomas cambian, así como también cambian tus emociones en tales decisiones. Tu vida de oración cambia. Tu testimonio cambia. Todo cambia.

EL ESPÍRITU SANTO ES NUESTRO MEDIADOR

Desearía poder decirte que la vida no se derrumbará y que no sentirás como si todo se viniera abajo. Desearía poder decirte que jamás ocurrirá eso en tu vida. Sin embargo, como sé por experiencia propia, la vida se derrumba y, cuando lo hace, se viene abajo con fuerza. A veces sucede todo a la vez. Perdí a ocho miembros de mi familia en el lapso de dos años: mi esposa, mi padre, mi hermana, mi sobrina y cuatro familiares más. Ojalá pudiera decirte que Dios nunca te permitirá enfrentar más de lo que puedas soportar, pero no puedo decirte eso, porque no está en la Biblia. No es bíblico. No es verdad.

Sin embargo, puedo decirte que cuando el mundo se viene abajo, tienes a Alguien que aparecerá como intercesor cuando más lo necesites. El Espíritu Santo orará por ti cuando no tengas las palabras para orar por ti mismo. Tomará tus expresiones desarticuladas de angustia y las convertirá en una poderosa oración a Dios porque Él conoce a Dios como parte de la Santísima Trinidad.

El Espíritu también sabe qué partes de la oración de tu corazón presentar a Dios conforme a su voluntad y deseos para tu vida. Es como un gran negociador que sabe cómo traer a ambas partes a la mesa de negociación en la que todos ganan. En Romanos 8:27 leemos: "Mas el que escudriña los corazones sabe cuál es la intención del Espíritu, porque conforme a la voluntad de Dios intercede por los santos". El Espíritu Santo presenta tu mayor necesidad ante el trono de Dios, pero lo hace de tal manera que concuerde lo mejor posible con la voluntad de Dios. Habla con Dios de lo que más le interesa y de la manera que mejor comprende. Crea un vocabulario que se adecúa al entorno que necesita escuchar lo que tienes que decir.

Todos los domingos en nuestra iglesia, hay intérpretes del lenguaje de señas para personas con discapacidad auditiva, personas que necesitan que se les comuniquen las palabras de una manera completamente diferente a la verbal. Si bien nunca pude predicar en lenguaje de señas, los intérpretes traducen lo que digo a un lenguaje que las personas que están allí entienden, así como a innumerables otras personas con problemas de audición en todo el mundo que miran nuestro canal de transmisión. Actúan como representantes intermediarios entre mí y aquellos que necesitan el ministerio de la Palabra.

El Espíritu Santo es nuestro representante intermediario entre el cielo y la tierra. Ya sea que traiga el lenguaje celestial a nuestros oídos y nuestros corazones o que lleve nuestro clamor terrenal al trono de Dios, el Espíritu Santo intercede y habla en nombre de nosotros. El Espíritu, como Cristo, conoce a Dios mejor que nadie (1 Corintios 2:10-16). El

Espíritu Santo y Dios son como esos matrimonios cuyos cónyuges solo tienen que mirarse para saber lo que piensa el otro. No es necesario decir palabras. La relación es tan íntima que una mirada puede equivaler a un párrafo entero o más.

Cuando estás en un país extranjero y no sabes hablar el idioma de ese lugar, necesitas un intérprete o una aplicación de interpretación en tu teléfono. Necesitas que alguien o algo sea un intercesor entre ti y las personas con las que estás hablando para que haya comunicación. El Espíritu Santo desempeña esta función para nosotros, ya que no sabemos cómo hablar el lenguaje del cielo y, a veces, incluso cuando tenemos dificultades para expresar nuestras necesidades más profundas en el lenguaje de la tierra. El Espíritu puede escuchar nuestro espíritu interior cuando no tenemos las palabras para expresar lo que estamos sintiendo.

A Dios no le interesan las palabras vacías. Él quiere escuchar lo que dice nuestro corazón cuando clamamos a Él. Isaías 29:13 enfatiza esta verdad: "Dice, pues, el Señor: Porque este pueblo se acerca a mí con su boca, y con sus labios me honra, pero su corazón está lejos de mí, y su temor de mí no es más que un mandamiento de hombres que les ha sido enseñado". Dios quiere que tu corazón se acerque a Él para que Él pueda escuchar las expresiones de tu espíritu interior. La forma de hacerlo es a través del Espíritu Santo, que vive para interceder por ti.

Cada vez que intentas llegar a Dios en medio de tu dolor, ese dolor puede distorsionar tu forma de pensar. Es posible que no sepas qué pedir conforme a la voluntad de Dios. Esto se debe a que solo estás tratando de abordar el dolor y librarte de él, aliviarlo o calmarlo. Sin embargo, las oraciones que reciben respuesta son las que se hacen conforme a la voluntad de Dios. Como señala 1 Juan 5:14-15: "Y esta es la confianza que tenemos en él, que si pedimos alguna cosa conforme a su voluntad, él nos oye. Y si sabemos que él nos oye en cualquiera cosa que pidamos, sabemos que tenemos las peticiones que le hayamos hecho".

Si una oración está en la voluntad de Dios, recibirá respuesta sobre la base del pedido de esa oración. Si no es así, no tendrá respuesta. Dios garantiza solo lo que Él quiere. Por lo tanto, el concepto de la oración es discernir lo que Dios quiere y luego pedírselo, pero tú y yo no siempre sabemos discernir lo que Dios quiere. O tal vez no podamos discernir sus tiempos.

Cualquiera que sea el caso, necesitamos el Espíritu Santo, que puede saber cuál es nuestro problema y al mismo tiempo cuál es la voluntad de Dios. Entonces, puede tratar de conectar ambas cosas en el punto donde se fusionan naturalmente. O puede tratar de influir en nuestros corazones para que se alineen más con la voluntad de Dios. El Espíritu Santo tomará nuestros deseos y purificará nuestras peticiones para que se conformen a la voluntad de Dios tanto como sea posible. Esa es la mejor manera de recibir respuesta a nuestra oración cuando no sabemos qué orar o cómo orar en ciertas circunstancias.

Seamos sinceros aquí. ¿No estamos buscando alivio instantáneo cuando oramos? Oramos como si estuviéramos haciendo un pedido de alivio al servicio de Amazon de entrega en el mismo día. No queremos que se entregue mañana; lo queremos hoy. Sin embargo, no obtendremos el alivio que necesitamos hasta que aprendamos a orar conforme a la voluntad de Dios. Dios tiene una voluntad específica para tu vida y para la mía. El rol del Espíritu Santo es ayudarnos a conformarnos a la voluntad de Dios. Esto a menudo se hace a través de una doctrina llamada providencia: la forma misteriosa en que Dios intercede e interconecta cosas a fin de unirlas para su propósito soberano.

Es necesario hacer una distinción importante entre la providencia de Dios y sus milagros. Un milagro es cuando Dios trasciende sus leyes que Él mismo incorporó a la creación. Los milagros son los que suceden cuando Él pasa por alto la ley natural, o la cancela, para lograr sus objetivos. Muchas cosas que llamamos milagros no son realmente milagros. Un milagro es cuando Dios opera fuera de la ley natural establecida, que Él implantó para lograr su objetivo final.

Sin embargo, la providencia es diferente. La providencia es cuando Dios obra dentro de sus leyes naturales para conectar cosas a fin de entretejerlas en un punto de acuerdo con su voluntad. Es la forma en que Él conecta las cosas para confirmar su soberanía.

Ahora bien, para que puedas ver su obra providencial en tu vida, particularmente en esos momentos que parecen estar llenos de dolor, debes tener un corazón lleno de amor por Él. Y amar a Dios es buscar apasionadamente su gloria. No es solo un sentimiento; es una decisión: buscar apasionadamente darle la gloria. Es declarar: *No se haga mi voluntad, sino la tuya*. O decir: *Que venga tu reino, no el mío*. Amar a Dios significa vivir una vida centrada en Él en la que siempre tomes en consideración su punto de vista. Cuando haces eso, Él dispone todas las cosas según su plan para tu vida.

Romanos 8:28 expresa esta verdad. Es probable que estés familiarizado con este versículo, pero a menudo no lo relacionamos con los dos versículos que lo preceden, que ya hemos visto en este capítulo. Solo cuando leemos este pasaje completo en su contexto, entendemos lo que en definitiva Dios puede hacer. Además, solo cuando relacionamos Romanos 8:28 con el versículo que le sigue, obtenemos una mejor comprensión de *por qué* Dios dispone todas las cosas para nuestro bien.

Veamos otra vez qué dice Romanos 8:26-27:

> Y de igual manera el Espíritu nos ayuda en nuestra debilidad; pues qué hemos de pedir como conviene, no lo sabemos, pero el Espíritu mismo intercede por nosotros con gemidos indecibles. Mas el que escudriña los corazones sabe cuál es la intención del Espíritu, porque conforme a la voluntad de Dios intercede por los santos.

Y los versículos 28-29 dicen:

> Y sabemos que a los que aman a Dios, todas las cosas les ayudan a bien, esto es, a los que conforme a su propósito son llamados. Porque a los que antes conoció, también los predestinó para que fuesen hechos conformes a

la imagen de su Hijo, para que él sea el primogénito entre muchos hermanos.

TRANSFORMADOS Y CONFORMADOS

Puedes estar seguro de que Dios dispone todas las cosas para tu bien cuando lo amas. Puede ser doloroso en el momento. Puede que no entiendas el dolor en medio de tus circunstancias, pero si eres llamado conforme a sus propósitos, principalmente el de ser conformado a la imagen de su Hijo, Jesucristo, Dios obrará para bien. Eso es lo que busca el Espíritu Santo al interceder por ti cuando lo necesitas. El Espíritu Santo tiene como objetivo amoldar tu corazón a Dios al interceder ante Él por ti en el área de tu mayor necesidad. Este es el proceso de ser conformado a la imagen de Cristo.

La Biblia habla mucho acerca de ser transformados, y una de las maneras en que Dios nos transforma es al conformarnos. Transformar algo es cambiarlo desde dentro, pero conformar algo es moldearlo desde afuera. Conformar es lo que se hace con masilla o arcilla. Puedes hacer un plato o un cuenco cuando lo presionas, lo amasas y le das forma. Dios permite circunstancias externas en nuestras vidas para transformarnos internamente. También hace esto para conformarnos a la imagen de Cristo. La conformación produce la transformación interior.

Si Dios te está estirando, presionando y permitiendo que te sucedan todo tipo de dificultades, y lo amas, entonces ten la seguridad de que está tratando de conformarte a la imagen de Cristo. Dios quiere desarrollar algo en ti al cambiar cosas fuera de ti para transformarte. El Espíritu Santo te conoce mejor que tú mismo, y el Espíritu también conoce a Dios. Cuando permites que el Espíritu sea tu intercesor, puedes contar con que Él te alineará con la voluntad de Dios de la mejor manera que concuerde con tus deseos o los cambiará. No tienes que tratar de resolver las cosas cuando confías en el Espíritu como tu intercesor. Solo tienes que rendirte a ese rol en tu corazón.

Por eso, en lugar de hacer una lista de todo lo que deseas o de todos los problemas que temes en el futuro, debes pasar tiempo agradeciendo al Espíritu. Agradécele por defender tu caso ante Dios para que todas las cosas puedan concordar correctamente a tiempo. Dale gracias porque, aunque ahora no puedes verlo, no sabes cómo resultará todo y no entiendes lo que está sucediendo, sabes que el Espíritu sí sabe y confías en su mano sobre tu vida. Agradece al Espíritu que, debido a su rol activo en ti, sabes que Dios va a disponer todas las cosas para bien. Cuando tu mente se concentra en lo que tienes que agradecer al Espíritu y su obra tanto en ti como a través de ti, encuentras la paz que anhelas.

Dios siempre está obrando. Él nunca está quieto, incluso cuando parece hacer silencio. Puede que no veas lo que Él está haciendo, pero tiene un plan y está disponiendo todas las cosas para el bien de aquellos que lo aman y son llamados conforme a sus propósitos. Sí, cuando algo bueno llega a tu vida, a veces puede parecer suerte o puede parecer que algunas personas tienen suerte. Sin embargo, no existe tal cosa como la suerte. Solo existe la providencia. Las cosas buenas o las personas buenas no llegaron a tu vida por casualidad. Dios dispuso providencialmente las cosas para que estuvieras en el lugar correcto en el momento correcto… si tu corazón lo busca y lo ama.

Ahora bien, si no amas a Dios, entonces no creo que este libro te sea de mucha ayuda. Tampoco el Espíritu te será de mucha ayuda, aunque Él está presente dentro de cada creyente. Tu corazón tiene la elección. Depende de ti cuánto o cuán poco amas a Dios, pero recuerda esto: cada elección tiene una consecuencia. Si eliges amar a Dios y andar en sus caminos, experimentarás el poder del Espíritu que intercede por ti, pero eso comienza contigo. Comienza con tu corazón, tu mente, tu voluntad. El Espíritu está esperando. El Espíritu anhela interceder por ti, si tan solo le permites hacer lo que mejor sabe hacer.

9

EL SELLO

¿Conoces el *jingle* publicitario "Plaf, plaf, pfsss, pfsss… ¡Qué alivio!"? Es uno de los comerciales de Alka Seltzer donde dejan caer las tabletas medicinales en el agua y se produce la transformación. Lo que antes era agua se convierte en un líquido con facultades para aliviar la acidez gástrica, el malestar estomacal o la indigestión. Es la permanencia de las tabletas en el agua lo que provoca el cambio.

Las tabletas son lo que son incluso sin estar en el agua, pero cuando entran a habitar en el agua, se convierten en una solución más factible para el problema del malestar físico.

Cada creyente que ha aceptado a Jesucristo como su Salvador recibe el mismo alivio que produce el Alka Seltzer, porque posee al Espíritu Santo, que ahora es un habitante nuevo en una casa vieja. Esta casa vieja de nuestra humanidad, que con el tiempo se va desgastando, ahora ha sido habitada por la persona del Espíritu. El tercer miembro de la Trinidad ha sido colocado en tu vida, ha tenido entrada a tu espíritu para operar como parte permanente de tu humanidad a partir de ese momento. Su presencia te trae alivio de las perturbaciones y aflicciones de la vida cuando más lo necesitas.

El siguiente nombre para el Espíritu Santo enfatiza su rol de habitante. Así como las tabletas que caen en el agua se convierten en una parte permanente del agua, el Espíritu Santo se convierte en un habitante permanente en cada uno de nosotros cuando somos salvos. El nombre que nos enseña esta realidad es el Sello, y al respecto leemos en Efesios 1:13-14:

> En él también vosotros, habiendo oído la palabra de verdad, el evangelio de vuestra salvación, y habiendo creído en él, fuisteis sellados con el Espíritu Santo de la promesa, que es las arras de nuestra herencia hasta la redención de la posesión adquirida, para alabanza de su gloria.

Como seguidores de Jesucristo, hemos sido sellados con el Espíritu Santo de la promesa. Este sello es indicativo de nuestra relación con Dios y resulta en la alabanza de su gloria. Como recordarás, el avance de la agenda del reino de Dios en la tierra consiste en promover la gloria de Dios. La presencia permanente del Espíritu Santo dentro de nosotros nos permite dar mayor gloria a Dios en todo lo que hacemos.

LA PRESENCIA DEL ESPÍRITU QUE NOS SELLA

Hay tres conceptos que están ligados a este nombre específico de la presencia del Espíritu que nos sella. El primer concepto es que garantiza la seguridad. El segundo es que establece la propiedad. Y el tercero es que refleja la autoridad. De modo que el Sello representa lo que se refiere a nuestra seguridad, propiedad y autorización.

1. El Sello garantiza la seguridad

Cuando el Espíritu Santo nos sella, nos hace seguros en Dios para siempre. Efesios 4:30 lo expresa de la siguiente manera: "Y no contristéis al Espíritu Santo de Dios, con el cual fuisteis sellados para el día de la redención". El sello no se puede romper hasta que haya ocurrido la redención. Tú y yo hemos sido sellados para el día de la redención. El sello está allí hasta que se lleva a cabo la redención. Esto revela la permanencia del Sello. En otras palabras, no puedes perder o deshacer tu salvación.

¿No es bueno saber que no tienes que mantener tu salvación? Una vez que has aceptado a Jesucristo como tu Salvador, has nacido en la familia de Dios. Él te ha unido con Cristo de tal manera que no puedes desvincularte de Él. Así como una persona biológicamente nacida en una familia nunca puede deshacer su relación biológica, cuando naces en la familia de Dios y eres sellado con el Espíritu, nunca puedes deshacer esa relación espiritual.

Me encanta la manera en que Pablo habla de esta permanencia en Romanos 8:35-39:

> ¿Quién nos separará del amor de Cristo? ¿Tribulación, o angustia, o persecución, o hambre, o desnudez, o peligro, o espada? Como está escrito: Por causa de ti somos muertos todo el tiempo; somos contados como ovejas de matadero. Antes, en todas estas cosas somos más que vencedores por medio de aquel que nos amó. Por lo cual estoy seguro de que ni la muerte, ni la vida, ni ángeles, ni principados, ni potestades, ni lo presente, ni lo por venir, ni lo alto, ni lo profundo, ni ninguna otra cosa creada nos podrá separar del amor de Dios, que es en Cristo Jesús Señor nuestro.

En resumen, nada nos puede separar del amor de Cristo una vez que hemos sido salvos, lo que significa que tú y yo podemos vivir con la certeza y la seguridad de ese sello. Ni siquiera el diablo puede romper este sello, a pesar de lo que intente decirte. Dado que Dios es quien te selló, solo Él tiene la autoridad de quitar ese sello y ha dejado claro que no lo quitará hasta el día de la redención. Dios ha asegurado tanto tu salvación como tu redención.

Las personas sellan al vacío un artículo o varios artículos y le quitan todo el aire, porque quieren extender la vida útil de lo que sellan. Al asegurar tu salvación con la redención, Dios ha extendido tu vida hasta la eternidad. No solo eso, sino que el acto de sellar también está destinado a evitar la contaminación. Los artículos a menudo se sellan para que las bacterias no puedan entrar y destruirlos. De manera similar, Dios ha sellado tu nueva naturaleza con el Espíritu para que ya no pueda ser destruida por el mundo, la carne o el diablo.

2. El Sello establece la propiedad

El nombre del Sello también indica propiedad. Por ejemplo, en Jeremías 32:9-10 leemos cómo el profeta habla del proceso de sellar para establecer la propiedad: "Y compré la heredad de Hanameel, hijo de mi tío, la cual estaba en Anatot, y le pesé el dinero; diecisiete siclos de plata. Y escribí la carta y la sellé, y la hice certificar con testigos, y pesé el dinero en balanza".

Al firmar y sellar la escritura, estableció la propiedad sobre la heredad. De hecho, muchos documentos en nuestra cultura contienen sellos hasta el día de hoy. A menudo establecemos tanto la autenticidad como la propiedad con un sello. Si compramos un automóvil, se coloca un sello en el título. Cuando nos casamos, se coloca un sello sobre nuestra propia licencia de matrimonio. Sellos como estos permiten que quienes necesitan usar dichos documentos para procesar otros trámites puedan identificar rápidamente que son originales y no falsificados.

Como hijos del Rey, también hemos sido comprados y, por lo tanto, sellados como propiedad de Dios. Primera de Corintios 6:19-20 lo expresa de esta manera:

> ¿O ignoráis que vuestro cuerpo es templo del Espíritu Santo, el cual está en vosotros, el cual tenéis de Dios, y que no sois vuestros? Porque habéis sido comprados por precio; glorificad, pues, a Dios en vuestro cuerpo y en vuestro espíritu, los cuales son de Dios.

Tú y yo hemos sido comprados por un precio: el alto precio de la expiación de Jesucristo. El sello del Espíritu Santo sobre nuestras almas establece la realidad de que ahora somos propiedad de Dios. Ya no debemos vivir como individuos independientes y dueños de nosotros mismos. Más bien, debemos glorificar a Dios con nuestros cuerpos, los cuerpos que Él compró a través de la sangre derramada de su Hijo.

Esta área de propiedad es uno de los problemas que enfrentan muchos cristianos hoy. Cuando los creyentes viven con la falsa ideología de que son dueños de sus propias vidas, se extravían en sus caminos. Cuando creen falsamente que son dueños de sus propios bienes materiales, lo usan para cualquier cosa menos para la expansión del reino de Dios en la tierra.

Sin embargo, como creyentes en Jesucristo, no poseemos nada. Por eso la Biblia nos llama mayordomos. Tenemos la bendición de usar lo que Dios nos da, pero debemos usarlo como mayordomos o administradores. Debemos hacerlo bajo la guía del verdadero Dueño, Dios mismo. A través del sello del Espíritu, Él nos asegura y nos posee.

Este es un principio vital que da forma a nuestra vida, porque si insistes en ser dueño de ti mismo, vivirás en conflicto con el Propietario real. Dios no se retracta solo porque dices que quieres ser dueño de tu vida y tus bienes materiales. Más bien, a menudo te permite experimentar cómo es eso. Una experiencia que conduce a resultados desastrosos, porque cada vez que un mayordomo comienza a actuar como propietario, ocurre un desastre.

La pregunta que debes hacerte a medida que estudiamos los nombres, las descripciones y los atributos del Espíritu Santo, así como su incidencia en nuestra vida, es esta: *¿He rendido mi pertenencia al Señor Jesucristo para que el Espíritu de Dios pueda hacer lo que quiera en mi vida?* El Espíritu Santo está allí para representar a Dios el Padre y a Jesús el Hijo.

3. El Sello representa la autorización

Por último, el Sello indica autorización. Cuando recibes una carta sellada y certificada, la única persona autorizada para abrirla eres tú, que eres la persona a quien se envió la carta. Solo el destinatario puede abrirla o el remitente si la carta se le devuelve, pero eso es todo. Por eso, a menudo tenemos que mostrar una prueba de identificación cuando entregamos un documento sellado, porque el sello indica que debe existir una autorización para poder abrirla.

Cuando Jesucristo te salvó y te dio el Espíritu Santo, te concedió autorización divina para utilizar el Espíritu a tu favor. Otras personas no pueden utilizar el Espíritu Santo colocado dentro de ti porque no han sido selladas con el Espíritu que está en ti. Además, solo como creyentes en Jesucristo se recibe el Sello.

Este concepto aparece con regularidad en las Escrituras. Si leemos algunos de los pasajes, obtendremos una mayor comprensión de la autoridad de un sello.

> Escribid, pues, vosotros a los judíos como bien os pareciere, en nombre del rey, y selladlo con el anillo del rey; porque un edicto que se escribe en nombre del rey, y se sella con el anillo del rey, no puede ser revocado (Ester 8:8).

> Y fue traída una piedra y puesta sobre la puerta del foso, la cual selló el rey con su anillo y con el anillo de sus príncipes, para que el acuerdo acerca de Daniel no se alterase (Daniel 6:17).

> Y vi en la mano derecha del que estaba sentado en el trono un libro escrito por dentro y por fuera, sellado con siete sellos. Y vi a un ángel fuerte que pregonaba a gran voz: ¿Quién es digno de abrir el libro y desatar sus sellos? Y ninguno, ni en el cielo ni en la tierra ni debajo de la tierra, podía abrir el libro, ni aun mirarlo (Apocalipsis 5:1-3).

Los sellos indican la permanencia de la seguridad, la propiedad y la autorización. No han sido poca cosa a lo largo de la historia ni tampoco lo son ahora en la época contemporánea. Solo Dios tiene la autoridad para romper el sello del Espíritu Santo. Debido a ello, ahora tienes la autoridad de Aquel que te ha sellado. Ningún hombre puede revertirlo, ni siquiera tú mismo. Ningún demonio puede revertirlo. Nadie te lo puede robar, porque has sido divinamente autorizado y sellado por Dios. El sello sobre ti establece tu identidad en relación con Aquel que te selló.

Ahora bien, como ya hemos visto a lo largo de este libro, tú y yo necesitamos estar llenos del Espíritu Santo para tener acceso a todo lo que Él tiene para ofrecernos. También necesitamos andar en el Espíritu cada día de nuestra vida. Sin embargo, independientemente de cuánta interacción tengamos con el Espíritu y cuánto busquemos maximizar nuestras vidas con su poder, estamos sellados para siempre por el Espíritu. Puedes considerar al Espíritu como un depósito de las cosas por venir. Vimos esto anteriormente en Efesios 1:13-14, que señala: "Fuisteis sellados con el Espíritu Santo de la promesa, que es las arras de nuestra herencia hasta la redención de la posesión adquirida, para alabanza de su gloria".

El Espíritu ha sido sellado en nosotros como una prenda o "arras". Algunas versiones de la Biblia se refieren a este sello como un depósito. Si has comprado algo costoso en tu vida, como una casa, sabes que a menudo debes dar un pago inicial. El pago inicial significa que estás comprometido con la compra y que tienes un compromiso aún mayor.

Tal vez, algunos hayan crecido en la época en que se entregaban estampillas de ahorro a quienes hacían compras en supermercados, gasolineras y grandes almacenes. Se juntaban una cantidad suficiente de estas estampillas para intercambiar por algún artículo que se deseaba, tal vez un pequeño electrodoméstico de cocina o un juguete, y se las pegaba en las "libretas" provistas para luego intercambiarlas por algún artículo. Las estampillas representaban un compromiso y la promesa de que se podía acudir a un centro de canje de las estampillas de ahorro y elegir el artículo deseado.

Antes del inicio del uso intensivo de las tarjetas de crédito, muchas tiendas ofrecían planes de pago a plazos. Se podía hacer un depósito para un artículo, luego visitar la tienda cada cierto tiempo para abonar una cuota del monto requerido hasta que finalmente se pagaba por completo y se podía llevar el artículo a casa.

Ahora bien, ten en cuenta que las personas hacían depósitos solo para artículos que planeaban comprar. No se dedicaban a dar depósitos para cada cosa que veían solo porque les gustaba. Los depósitos indicaban la intención de compra. Así como las estampillas de ahorro representaban la promesa de poder intercambiarlas en uno de sus centros.

Dios declara que el Espíritu Santo con que has sido sellado es un depósito o una prenda. Es la primera cuota de un plan de pagos a plazos, que incluye la eternidad y que está para siempre unido a tu redención. Es la promesa de consumar tu redención.

Cuando aceptaste a Jesucristo como tu Salvador, recibiste el sello del Espíritu Santo en ti como garantía de que Dios consumará esa compra y redención. Dios te ha prometido la gloria. Te ha prometido el cielo. Te ha prometido la paz eterna, el descanso y el reencuentro con tus seres queridos, que han sido salvos y han ido al cielo antes que tú, pero esa promesa no tiene lugar de inmediato. En cambio, el sello de la promesa sí lo tiene.

Permíteme ilustrarlo de la siguiente manera: cuando una mujer recibe un anillo de compromiso de un pretendiente, eso significa que él ha decidido casarse con ella. El anillo simboliza una promesa. Es una especie de pago inicial, un depósito o una promesa. El anillo indica que hay más por venir. Cualquiera que sea la brecha de tiempo desde el momento en que el novio coloca el anillo de compromiso en el dedo de su novia hasta el día de la boda, es solo una brecha de preparación para el objetivo final.

Dios ha puesto en el dedo de cada creyente un anillo de compromiso. El sello del Espíritu es su prenda que indica su intención de contraer matrimonio en el día final. En las Escrituras se lo llama "la cena de las bodas del Cordero" (Apocalipsis 19:9). Será entonces cuando Dios nos llevará a cada uno de nosotros a vivir con Él. Mientras tanto, tú y yo vivimos en un espacio de tiempo que es una brecha de preparación para lo que está por venir.

Ahora bien, cuando esa mujer acepta el anillo de compromiso, no debe ir y salir con otra persona. Debería usar el anillo con orgullo, para que otras personas sepan que está comprometida y que ahora no está disponible para nadie más que para su futuro esposo. Su compromiso se ha establecido, pero, lamentablemente, demasiados cristianos, que han recibido el sello del Espíritu, van y salen con el mundo. Todavía tienen amoríos con la sabiduría de este orden mundial. Traicionan a Dios todo el tiempo y olvidan el precio que Él pagó para poner ese anillo en su dedo.

¿Te imaginas cómo se sentiría o cómo actuaría un novio si su prometida hiciera eso? ¿Crees que todavía persistiría con todos sus planes de boda y los posibles gastos de ese gran acontecimiento? ¿Crees que querría estar con la mujer que lo traicionó más de una vez? ¿Crees que invertiría tiempo y energía en la relación?

No, pero eso es similar a lo que nos sucede cuando estamos sellados con el Espíritu y luego traicionamos a Dios. Terminamos por no aprovechar el propósito de tener al Espíritu en nuestras vidas. No aprovechamos su relación con nosotros.

Sin embargo, la buena noticia de un compromiso es que puedes comenzar a hacer planes. Puedes comenzar a prepararte para la boda que se avecina. De manera similar, cuando estamos sellados con el Espíritu, también podemos comenzar a hacer planes. Podemos hacer planes para la eternidad.

En lugar de vivir para hoy, puedes mirar hacia el futuro que te espera. Puedes comenzar a pensar en lo que está por venir y tomar decisiones congruentes con eso. Tener la mirada puesta en la eternidad afecta tus elecciones presentes, al igual que cuando una pareja está focalizada en su próxima boda, sus gastos y actividades antes de la ceremonia también se ven afectados. Las parejas jóvenes a menudo ahorran no solo para una boda, sino también para una casa o los muebles. Se necesita mucho para unir dos vidas, incluido el costo de una luna de miel.

Entendemos fácilmente cómo los acontecimientos futuros afectan las elecciones presentes cuando se trata de cosas como casarse, comprar una casa, tener hijos o enviar a los hijos a la universidad, por lo que no debería ser difícil entender cómo es que vivir a la luz de la eternidad debería influir en nuestras decisiones diarias. Lo que haces ahora tiene consecuencias por toda la eternidad. Lo que haces ahora importa. El sello del Espíritu Santo es un recordatorio continuo de las promesas por venir. Sin embargo, si no tienes una perspectiva eterna, no podrás potenciar todo lo que el Espíritu está destinado a proporcionarte.

Potenciar el rol del Espíritu Santo en tu vida equivale a potenciar tu vida. Cada vez que el Espíritu Santo tiene la libertad de obrar a fondo tanto en ti como a través de ti, recibes poder para vivir tu propósito y tu llamado. Y, de esa manera, encuentras verdadera satisfacción y alegría.

Pablo nos habla de esto al continuar nuestro estudio de Efesios 1:

> Por esta causa también yo, habiendo oído de vuestra fe en el Señor Jesús, y de vuestro amor para con todos los santos, no ceso de dar gracias por vosotros, haciendo memoria de vosotros en mis oraciones, para que el Dios de nuestro Señor Jesucristo, el Padre de gloria, os dé espíritu de sabiduría y de revelación en el conocimiento de él, alumbrando los ojos de vuestro entendimiento, para que sepáis cuál es la esperanza a que él os ha llamado, y cuáles las riquezas de la gloria de su herencia en los santos, y cuál la supereminente grandeza de su poder para con nosotros los que creemos, según la operación del poder de su fuerza (vv. 15-19).

El Espíritu Santo te capacitará y te dará poder para que puedas conocer la esperanza de tu llamado. Te fortalecerá para que conozcas las riquezas de la gloria de la herencia que te corresponde como seguidor de Jesucristo.

EL ESPÍRITU SANTO ILUMINA TU ENTENDIMIENTO

El Espíritu Santo también te dará la capacidad de acceder a la insuperable grandeza de su poder, y lo hace mediante la iluminación de tu entendimiento. El Espíritu comunica a tu espíritu humano su sabiduría a través de la revelación y el conocimiento de Él. Como consecuencia, eres libre para experimentar más de la realidad de Dios en tu vida. Empiezas a ver las cosas a tu alrededor con más claridad. Como si hubieran puesto cristalinos nuevos en tus ojos debilitados, las imágenes tomarán forma ante ti. Las decisiones que debes tomar tendrán sentido para ti. Serás saturado del valor que se requiere de ti para caminar por fe. Obtendrás claridad y convicción para vivir el llamado que Dios tiene reservado para tu vida.

A menudo nos confundimos acerca de cuáles son los problemas reales de la vida y cuáles son falsas ilusiones de problemas. Esto se debe a que, sin aprovechar la percepción del Espíritu Santo, solo confiamos en nuestros propios ojos espirituales, que se han nublado. Cuando no puedes ver las cosas espiritualmente, reaccionas a las cosas físicamente. Cuando no confías en la soberanía de Dios, tu cuerpo reacciona con ansiedad. Cuando no puedes dar un paso de fe, retrocedes con miedo.

Percibir las cosas espiritualmente y aplicar la verdad de Dios a lo que percibes es un don del sello del Espíritu en tu vida. Sin embargo, solo accedes a este don cuando reconoces y vives de acuerdo con los otros aspectos del sello: el de la propiedad y la autoridad de Dios sobre ti.

Dios anhela obrar empíricamente en tu vida a través de la morada del Espíritu Santo en ti. Cuando eso suceda, lo verás aparecer en tu vida de maneras que nunca habías imaginado. Podrás ver la mano de Dios en tu vida moverse y cambiar circunstancias y abrir puertas que ni siquiera sabías tocar. Esto se debe a que Dios ve todas las cosas. Tú y yo vemos solo lo que podemos con nuestros ojos físicos, pero cuando aprendemos a dar lugar a la iluminación del Espíritu Santo, comenzamos a ver las cosas de manera espiritual.

Esto tendrá un efecto positivo en la forma en que atraviesas las diversas vicisitudes de la vida. Comenzarás a discernir si algo es realmente bueno o malo para ti. Podrás saber si algo que viene envuelto como un regalo con un bonito moño viene de parte de Dios o del diablo. Satanás es un experto del engaño. Sin la ayuda del Espíritu Santo, incluso el ser humano más inteligente caerá en sus trampas. Tú y yo tenemos que caminar bajo la iluminación del Espíritu Santo para poder diferenciar entre lo que es de Dios y lo que es del diablo, aunque parezca que es de Dios.

Cuando descubras cómo caminar bajo la iluminación de los ojos espirituales, descubrirás una vida con la que antes solo habías soñado. Fíjate en los siguientes ejemplos de esto a lo largo de la Biblia.

Josué normalmente se habría basado en una estrategia militar comprobada para tomar la ciudad de Jericó, pero Dios le dijo que hiciera que sus hombres marcharan alrededor de la ciudad para que los muros se derrumbaran. Si me preguntaran, diría que no era una buena estrategia, pero funcionó porque era la estrategia de Dios para ganar esa batalla.

Gedeón probablemente quería que todos sus treinta mil hombres fueran y pelearan la batalla para tener grandes probabilidades, según él, de ganar la guerra. Sin embargo, Dios le ordenó que, en cambio, llevara trescientos hombres. Gedeón pudo obedecer a Dios porque entendía la diferencia entre el mundo espiritual y el físico.

Otro ejemplo es Abraham, a quien nunca se le habría ocurrido la idea de ofrecer a su hijo Isaac en ese altar con la esperanza de que Dios interviniera a último momento y en su lugar ofreciera un carnero. Sin embargo, eso es lo que Dios le pidió que hiciera, y lo hizo. Por consiguiente, Abraham continuó experimentando la plena manifestación del poder de Dios en su vida, que le permitió hacer grandes cosas y ser padre de muchas naciones.

Tú y yo podemos vivir en el mundo físico según nuestros sentidos físicos. Se nos da libre albedrío. Si queremos seguir siendo independientes, Dios nos da la opción, pero si tomamos esa decisión, también estaremos eligiendo una vida sin iluminación espiritual. Nuestras elecciones y emociones sin duda reflejarán esta realidad. Solo cuando permitamos que todos los elementos del sello del Espíritu Santo se expresen plenamente en nuestra vida, aprovecharemos todos los beneficios que el Espíritu está destinado a ofrecer.

El Salmo 103:7 distingue entre aquellos que eligen caminar en el mundo físico y aquellos que eligen caminar en el mundo espiritual: "Sus caminos notificó a Moisés, y a los hijos de Israel sus obras". Moisés vio los caminos de Dios mientras que Israel llegó a ver solo sus obras.

Para decirlo de otra manera, Israel vio qué hizo Dios. Moisés vio quién es Dios. Vio el por qué y el cómo detrás de lo que Dios hacía. Obtuvo más información que la de un observador. Y participó de las obras poderosas de Dios mismo.

¿QUÉ ELEGIRÁS?

Entonces, depende de lo que quieras de la vida. ¿Quieres sentarte al margen y ver lo que Dios hace por otras personas? ¿O quieres subir a la montaña y experimentar a Dios, como lo hizo Moisés, cara a cara? ¿Quieres ser uno más entre la multitud o quieres información privilegiada? La elección es totalmente tuya. Dios nunca te obligará a caminar de acuerdo a sus caminos, pero te permitirá hacerlo mediante el sello del Espíritu Santo. Lo que hagas con su don depende totalmente de ti.

Cuando mi hijo Jonathan estaba en la universidad, criaba pitbulls. Un día trajo a tres de estos a casa. Como puedes suponer, no estaba dispuesto a dejar que ninguno de estos caninos entrara en nuestro hogar. Así que tuvieron que quedarse atados a un poste de luz en el fondo de nuestra casa.

Ahora bien, si conoces algo sobre pitbulls, sabes que tienen cabezas enormes. La cabeza de estos animales es demasiado grande en comparación con su cuerpo.

Una mañana, cuando Jonathan salió a preparar los perros para una caminata, descubrió que se habían enredado alrededor del poste durante la noche con tanta fuerza que apenas podían moverse. Para desenredarlos tuvo que pasar demasiado tiempo y hacerlos desandar las vueltas que habían dado. Es decir, que tuvieron que ir marcha atrás. Habían seguido la dirección que sus cabezas grandes les habían marcado y que nunca deberían haber seguido. En consecuencia, necesitaban retroceder y deshacer cualquier avance que pensaban que habían hecho.

Vivir con una cabeza grande como los pitbulls se resume muy bien en la Biblia: "No te apoyes en tu propia prudencia" (Proverbios 3:5). Cuando tú y yo caminamos según nuestra propia sabiduría humana, descubrimos que cualquier avance que pensábamos haber hecho se deshace rápidamente. Nuestros propios pensamientos y decisiones no hacen más que enredarnos y atarnos. Entonces, cuando Dios viene a liberarnos para que podamos caminar en el Espíritu, primero tenemos que desandar el camino para deshacer el enredo que hemos hecho.

Tú y yo pertenecemos a Jesucristo, y Él tiene un plan bueno para nuestras vidas, pero experimentaremos este plan solo cuando permitamos que el Espíritu Santo se exprese por completo en nuestras vidas. En lugar de apoyarnos en nuestra propia prudencia, debemos acudir a Él, escucharlo e ir a donde Él nos guíe. No solo estamos sellados para la eternidad por el poder del Espíritu que mora en nosotros, sino que cuando nos sincronizamos con el Espíritu Santo en nuestras actividades y pensamientos cotidianos, podemos vivir la manifestación integral de nuestro llamado y propósito en la tierra.

10

EL ALIENTO

Nos hemos familiarizado bastante con la frase *no puedo respirar*, en 2020. Si bien eran palabras literalmente asociadas a las muertes de Eric Garner y George Floyd, la frase en sí surgió para describir simbólicamente la opresión histórica de un grupo de personas. Camisetas, carteles, gorras, cánticos, lo que sea, proclamaban esa frase una y otra vez a la vista de todo el mundo. Y adquirió su propio significado al convertirse en un movimiento mundial.

Además, a medida que la pandemia de COVID-19 continuó su curso amenazante en el escenario de la sociedad mundial, muchas más personas perdieron la vida por su incapacidad de respirar. La lucha por respirar fue un reto que muchos enfrentaron, y en distintos niveles. Si tú mismo no lo has enfrentado, probablemente conozcas a alguien que lo haya hecho.

Todos sabemos qué tan graves son esas palabras. La incapacidad de respirar significa que la vida está en peligro. Por el contrario, la capacidad de respirar significa que podemos inhalar vida y vivir. La respiración importa. Importa de veras, y es terriblemente perjudicial cuando se pierde la capacidad de hacerlo. Por eso, este próximo nombre para el

Espíritu Santo es tan importante. La Biblia se refiere al Espíritu como el Aliento. Es literalmente el oxígeno de Dios.

Muchos pasajes de las Escrituras resaltan esto, pero el significado sigue siendo el mismo sin importar el contexto. Cuando tú y yo comprendemos que el Espíritu es nuestro oxígeno, nuestra capacidad de respirar espiritualmente, tenemos bien claro que Él es nuestra capacidad misma de vivir.

La vida y la muerte espirituales en el ámbito físico están ligadas a nuestra relación con el Espíritu Santo porque esa es la relación que tenemos que respirar. Cuanto más respiremos el Espíritu Santo regularmente, más podremos experimentar la vida y la presencia de Dios en medio de nosotros. Y también más esperanza podremos tener en medio de la desesperanza.

¿Has escuchado la historia de un médico que le informa a un paciente los resultados de algunos exámenes que se le habían hecho?

—Tengo malas noticias, y también tengo muy malas noticias. ¿Cuáles quiere oír primero? —le dijo este médico al paciente.

—Las malas noticias —respondió el paciente.

—Según los resultados de sus exámenes, solo le quedan veinticuatro horas de vida —le dijo el médico.

El paciente se quedó atónito.

—¿Entonces cuál es la muy mala noticia? —preguntó después.

—Bueno, lamentablemente, la muy mala noticia es que debería habérselo dicho ayer —respondió el médico.

Es una historia ficticia, pero entiendes el concepto. Las cosas pueden ir de mal en peor de la noche a la mañana. Así como el sistema respiratorio físico puede tener problemas cuando se presenta una enfermedad o una insuficiencia, lo que dificulta la respiración, nuestro sistema respiratorio espiritual puede tener problemas cuando no podemos inhalar el aliento del Espíritu mismo.

Leemos acerca de este nombre singular, pero poderoso, del Espíritu Santo en Juan 20:19-22:

> Cuando llegó la noche de aquel mismo día, el primero de la semana, estando las puertas cerradas en el lugar donde los discípulos estaban reunidos por miedo de los judíos, vino Jesús, y puesto en medio, les dijo: Paz a vosotros. Y cuando les hubo dicho esto, les mostró las manos y el costado. Y los discípulos se regocijaron viendo al Señor. Entonces Jesús les dijo otra vez: Paz a vosotros. Como me envió el Padre, así también yo os envío. Y habiendo dicho esto, sopló, y les dijo: Recibid el Espíritu Santo.

EL ALIENTO DE DIOS

Jesús transfirió el Espíritu Santo a los discípulos a través de su aliento. Sopló sobre ellos. Y cuando hizo eso, ellos respiraron el Espíritu. La palabra hebrea en el Antiguo Testamento para el aliento de Dios, que es el Espíritu de Dios, es *rúakj*. Lo vemos en Génesis 2:7: "Entonces Jehová Dios formó al hombre del polvo de la tierra, y sopló en su nariz aliento de vida, y fue el hombre un ser viviente".

Así como Dios había usado el Espíritu como su aliento que rondaba sobre la creación y producía vida en medio del caos en Génesis 1, usó el Espíritu para soplar sobre la tierra misma cuando formó al hombre. De esta manera, Adán se convirtió en un ser viviente. El *rúakj* es el soplo de Dios que da vida. Cuando Jesús hablaba con Nicodemo en Juan 3:5-8, se refirió a esta nueva vida que trae el Espíritu. Y se refirió a esta misma verdad en Juan 6:63: "El espíritu es el que da vida; la carne para nada aprovecha; las palabras que yo os he hablado son espíritu y son vida".

La palabra del Nuevo Testamento para el Espíritu aquí es *pneúma*. De hecho, de esta obtenemos nuestra palabra castellana contemporánea *neumonía*. Como puedes ver, hemos establecido una asociación directa entre una palabra que indica una insuficiencia o dificultad para respirar a causa de una enfermedad y la palabra original que hacía referencia al Espíritu. Tanto el Antiguo como el Nuevo Testamento asocian claramente el Espíritu con el Aliento de vida mismo. Sin la presencia del Espíritu de Dios, no eres un ser vivo. Puede que estés físicamente vivo, pero espiritualmente estás muerto.

Por eso, Efesios 2:1 describe lo que sucede en presencia del pecado como estar "muertos en vuestros delitos". Sin el Espíritu que hace palpitar el oxígeno de la vida de Dios dentro de nosotros, no podemos vivir en verdad. No podemos experimentar la vida de la que Jesús habló en Juan 10:10: "El ladrón no viene sino para hurtar y matar y destruir; yo he venido para que tengan vida, y para que la tengan en abundancia". Por lo tanto, cuanto más del Espíritu Santo inhales, más vida de Dios experimentarás. Debes tener la vida de Dios para tener la vida abundante de la que habla Jesús. Cuando lo hagas, estarás en condiciones de participar en el nivel más alto del reino espiritual mientras estés en la tierra.

El aliento de Dios es el Espíritu de Dios en acción. Job lo expresó así: "El espíritu de Dios me hizo, y el soplo del Omnipotente me dio vida" (Job 33:4). El aliento de Dios es el Espíritu de Dios. El Espíritu de Dios es el aliento de Dios. Cuando Dios exhala, es el Espíritu el que entra en acción. Dios no solo exhala por exhalar, sino que exhala vida en su creación porque el Espíritu da vida.

Uno de los problemas que proliferan en nuestra cultura cristiana hoy día es la falta de oxígeno del Espíritu Santo. Los cristianos no respiran el Espíritu Santo, por lo tanto, no tienen circulación de oxígeno espiritual en ellos. Así como el cuerpo físico comienza a descomponerse sin oxígeno, la vida espiritual también lo hace. Todo tipo de problemas surgen en ausencia de oxígeno.

En lo físico, conduce a un fallo orgánico. En lo espiritual, conduce a un fallo en la vida, ya sea que se manifieste en forma de ansiedad, depresión, irritabilidad, agresividad, desánimo o una búsqueda incesante de placeres hedonistas. No podemos esperar que nos vaya bien sin el oxígeno del Espíritu. Por alguna razón, entendemos este concepto en el mundo físico y tomamos medidas para que no nos falte oxígeno, pero cuando se trata de nuestra alma, a menudo pensamos que podemos improvisar.

Sin embargo, Dios es vida dentro de nosotros. Sin Él, solo existimos.

Nosotros, como el monstruo del Dr. Frankenstein, podemos tener la anatomía de un ser humano, pero sin un alma totalmente sana no estamos vivos en absoluto. Para demasiadas personas, esto resulta en un comportamiento monstruoso plasmado en sus actitudes, acciones, carácter y conducta, porque tienen acceso al cuerpo, pero sin la vida que los guíe a usarlo como corresponde.

Una ocupación en la que nunca me verán es en la de empleado de pompas fúnebres. Jamás lo haría. Una de las razones es que no quiero pasar mi vida en medio de muertos, pero otra razón es que un amigo que tenía ese trabajo me dijo algo que cambió mi forma de ver esa profesión para siempre.

A veces, cuando se está trabajando en un cadáver, este puede moverse, contraerse o incluso parpadear. La reacción muscular todavía puede existir. Una vez, el cadáver en el que trabajaba mi amigo tuvo tantos espasmos que, literalmente, cayó al piso. Eso tendría que pasarme una sola vez para que nunca volviera a poner un pie en una morgue o pronto habría dos cadáveres en el suelo, ¡uno de ellos, el mío! Esa profesión no es para mí.

No obstante, la anécdota de este hombre me mostró una realidad espiritual. Las personas pueden ser anatómicamente correctas en términos espirituales. Pueden ir a la iglesia, orar y leer la Biblia, pero no tienen aliento de vida espiritual. En cierto sentido, el cadáver espiritual tiene espasmos: reacciones espirituales para las que hemos sido diseñados, pero sin vida en absoluto.

El Salmo 104:30 revela cómo Dios nos da vida: "Envías tu Espíritu, son creados, y renuevas la faz de la tierra". Estamos vivos cuando tenemos el aliento del Espíritu dentro de nosotros. Incluso los no cristianos se benefician del soplo del Espíritu, porque su soplo también da vida al orden físico de la creación. No obstante, sin que su aliento espiritual fluya dentro del cuerpo físico después de la creación, somos solo hombres y mujeres en un cuerpo. Solo accedemos y potenciamos la vida espiritual cuando permanecemos conectados al flujo continuo del Espíritu.

EL ALIENTO QUE CALMA EL TEMOR

En el pasaje de Juan 20, Jesús acababa de atravesar una puerta. No entrar por una puerta, sino atravesar, literalmente, una puerta. Podía hacer eso porque estaba en su cuerpo glorificado y ya no estaba atado a las limitaciones físicas de la tierra.

Cuando Jesús se acercó a los discípulos, estaban escondidos por temor. Tenían miedo de los que habían matado a Jesús, y temían que los judíos también vinieran por ellos. Por eso tenían la puerta cerrada con cerrojo. Por eso no podían respirar. El miedo te hace eso: te quita el aliento.

Hoy vivimos en un mundo lleno de miedo y con mucho que temer. Tenemos miedo de enfermedades humanas como el cáncer. Tenemos miedo de virus como el COVID-19. Tenemos miedo de viajar, de dar la mano. Tenemos miedo cuando alguien estornuda. Tenemos miedo de la violencia, de la lucha racial y de la violencia verbal, que se ha convertido casi en una norma cultural. Tenemos miedo de la próxima tormenta, de la próxima guerra o incluso de la posibilidad de un ataque nuclear. Solo sintoniza las noticias durante un minuto y encontrarás una lista de cosas que temer.

Como resultado, nuestra respiración es superficial. Esto sucede cada vez que tenemos miedo. Probablemente, no lo hagamos de manera consciente, pero cuando el miedo se apodera de nosotros, nuestra respiración se ve afectada. Por eso, tanta gente suele decir al que tiene miedo y pánico: "Respira". El mismo acto de respirar hondo y hacer circular oxígeno por todo el cuerpo ayuda a poner el cuerpo en eje otra vez y recuperar la calma.

Jesús no les dijo a los discípulos que respiraran hondo cuando atravesó esa puerta y los encontró escondidos por temor, pero les dijo algo similar de acuerdo con su contexto cultural: "Paz a vosotros". Sabía que estaban asustados. Podía ver que estaban aterrorizados. Después de todo, sus vidas estaban en peligro, pero cuando apareció Jesús se tomó un momento para recordarles que respiraran. Hizo eso para calmar sus temores. Y luego sopló sobre ellos. Les impartió la vida del Espíritu a través del aliento para calmar aún más sus temores.

Esto es exactamente lo que Jesús hace también en nuestras vidas. Él está a la puerta de nuestro corazón y toca, esperando que lo dejemos entrar (Apocalipsis 3:20). Cuando lo hacemos, trae paz con Él. Y cuando acudimos a Él, el Espíritu de vida sopla en nuestro corazón y calma el temor. Esto tiene lugar a través de una variedad de formas, como cuando leemos la Palabra de Dios, que es la palabra de vida. La Palabra de Dios da vida.

En 2 Timoteo 3:16, la Biblia declara: "Toda la Escritura es inspirada por Dios". La palabra griega en ese pasaje es *theópneustos*, que significa "exhalar". Esto nos muestra que la Escritura es el Espíritu Santo. Es la inspiración impresa del Espíritu de Dios.

En 2 Pedro 1:20-21 se explica así:

> entendiendo primero esto, que ninguna profecía de la Escritura es de interpretación privada, porque nunca la profecía fue traída por voluntad humana, sino que los santos hombres de Dios hablaron siendo inspirados por el Espíritu Santo.

EL ESPÍRITU DE DIOS RELACIONADO CON LA PALABRA DE DIOS

La Biblia es la voz de Dios impresa: el soplo del Espíritu escrito de tal manera que podemos recibirlo y vivir de acuerdo con Él. Por eso, cada vez que separas la Palabra de Dios de una relación con Dios, es posible que no produzca en ti el efecto vivificante del Espíritu que esperabas. Necesitas una relación con Dios para que sus palabras infundan vida en ti. Necesitas que la Palabra viva esté unida a la Palabra escrita para que el soplo del Espíritu de Dios pueda traer vida a tus "huesos secos" (Ezequiel 37:1-14), tus circunstancias, situaciones y entorno. El Espíritu es el tanque de oxígeno que asegura nuestra supervivencia en las aguas de un mundo inicuo.

Hasta que el Espíritu no sea un abastecedor activo y vivificante de la Palabra de Dios en nuestra mente, nuestro corazón y nuestro espíritu, continuaremos luchando en todos los sentidos. Continuaremos teniendo personas que no pueden respirar o que luchan por respirar espiritualmente mientras tratan de llevarse bien con otros que luchan igual de duro.

Si alguna vez has visto personalmente a alguien sin poder respirar o a un personaje en una escena de televisión o una película que se estaba asfixiando sin poder respirar, sabes que pegan manotazos. No se comportan como lo hacen normalmente. Algo similar nos sucede cuando no podemos respirar espiritualmente. Nuestros traumas, nuestro dolor, nuestras luchas y nuestros miedos nos hacen pegar manotazos a los demás. Como puedes suponer, es difícil para las personas llevarse bien cuando están pegando manotazos al tratar de respirar espiritualmente.

Solo cuando el Espíritu de Dios se conecta con la Palabra de Dios porque está ligado a la persona de Dios, podemos respirar. Cuando el aliento espiritual ingresa a nuestro sistema, podemos pensar, hablar y comportarnos de una manera que además conduce a la salud y la sanidad de las relaciones. Cuando la Palabra de Dios vive dentro de nosotros a través del soplo del Espíritu, se comienza a ver el resultado en nuestra vida. En otras palabras, se convierte en algo más que palabras en papel o en un dispositivo digital; se convierte en una experiencia.

La obra del Espíritu Santo es tomar la fotografía fija de la Palabra de Dios y convertirla en una película. Si has visto la película *La pasión de Cristo*, sabes la diferencia entre leer sobre la crucifixión y verla representada. La había leído innumerables veces, incluso había predicado al respecto; pero cuando vi esa película, las escenas de la crucifixión dejaron una huella mucho más fuerte en mi corazón. No estaba leyendo simplemente sobre el sufrimiento y la muerte de Cristo y no solo lo estaba entendiendo. Lo estaba experimentando tanto como podía a pesar de ser un hecho que sucedió hace más de dos mil años.

Sí, entiendo. A veces la Biblia puede parecer un libro muerto. Como si estuviera lleno de historias que tuvieron lugar hace tanto tiempo, que no tiene ninguna relevancia en la actualidad. Sin embargo, la Biblia no es un libro muerto. Las Escrituras afirman claramente que la Biblia es Palabra viva (Hebreos 4:12). Y debido a que está viva gracias al soplo del aliento del Espíritu, también puede hacer que cobre vida en nuestras propias experiencias.

Sin embargo, no lo hará solo por leerla. Tú y yo no tenemos el poder para darle vida en nuestra mente y nuestro corazón. El Espíritu Santo es el que da vida a las páginas para nosotros.

DIOS TE DA A ELEGIR

No obstante, el Espíritu Santo te dará solo la cantidad de oxígeno que tú permitas, al igual que un grifo te da solo la cantidad de agua que puede fluir en función de cuánto lo hayas abierto. El Espíritu Santo tiene todo el oxígeno que necesitas para que las Escrituras estén plenamente vivas en tu espíritu, pero solo puede hacer fluir la cantidad que tú permitas. Es una relación. Tienes que elegir. Tienes libre albedrío. No estás obligado a inhalar oxígeno espiritual de un respirador. Dios nos ha dado a cada uno de nosotros la posibilidad de elegir.

Otra vez, Gálatas 5:25 lo expresa así: "Si vivimos por el Espíritu, andemos también por el Espíritu". Andar es algo que haces, no algo que te hacen a ti. Andar es una acción que realizas. Nadie anda por ti. Cuando respiras el oxígeno del Espíritu Santo, también debes elegir qué tan hondo respirarás. Él es la Fuente de vida para cada uno de nosotros como creyentes, pero tú y yo debemos respirar hondo y constantemente para experimentar el beneficio completo de lo que Él tiene para ofrecer.

En otras palabras, Dios no quiere que solo visites al Espíritu, sino que dependas de Él. Dios no quiere que solo ores antes de comer, sino que ores sin cesar. Dios no quiere que solo leas uno o dos versículos de la Biblia o incluso un capítulo entero, sino que medites en su Palabra. Dios no quiere ser solo tu entrenador personal; Él quiere ser tu Dios.

Te hago una pregunta para que pienses. Cuando respiras, ¿inhalas y contienes la respiración? ¿Inhalas y luego sigues con los asuntos del día? ¿O inhalas y exhalas, inhalas y exhalas de nuevo, y así todo el día? Por supuesto que haces lo último. Una sola respiración no basta para mucho más que un minuto. Así hemos sido diseñados. De hecho, ni siquiera necesitamos pensar en ello. La mayoría de nosotros respiramos sin pensar. Respiramos sin esfuerzo. Así es como Dios quiere que sea nuestra relación cuando dependemos del Espíritu Santo para obtener el oxígeno espiritual que necesitamos.

Debemos respirar en consonancia con el Espíritu para que se convierta en una segunda naturaleza para nosotros. Debemos reflejar sus pensamientos en nuestra mente y nuestro corazón sin tener que hacer ningún esfuerzo. Debería ser natural para nosotros. Debemos caminar tan cerca de Él, que su aliento sea una extensión natural del nuestro. Que su voz sea una parte natural de la nuestra. Que sigamos su guía de manera natural en cada decisión que tomemos. No deberíamos tener que pensar demasiado para consultar al Espíritu, porque cuando Él es una parte permanente de nuestra vida cotidiana, está tan cerca que nos aconseja y nos guía sin que tengamos que pedírselo.

SUPERA EL CAOS Y TEN PAZ

Cuando vivimos y respiramos así, tenemos todo lo que necesitamos para superar todo lo que se nos presente. Jesús declara: "Estas cosas os he hablado para que en mí tengáis paz. En el mundo tendréis aflicción; pero confiad, yo he vencido al mundo" (Juan 16:33). Jesús siempre habló de paz para calmar el temor que invadía a los que amaba. Les dijo, y posteriormente a nosotros, que quería que experimentaran su paz.

Dios no quiere que sucumbas al caos que te rodea. Es posible que no puedas detener el caos. Es posible que no puedas cambiar el caos en sí, pero ya no tienes que dejarte controlar por él. Una vez que el caos te controla, has perdido la paz. Has perdido el poder vencedor de la presencia del Espíritu de Dios. Y así como la respiración se vuelve superficial frente al miedo, tu vida espiritual también se vuelve superficial en presencia del miedo cuando pones tu mirada en el caos y no en Cristo.

En Marcos 4:35-41, se nos narra la historia de los discípulos al cruzar el Mar de Galilea con Jesús en una barca. Jesús estaba dormido cuando se levantó una tormenta de viento y comenzó a sacudir su barca como el juguete de un niño. Y a pesar de que los discípulos eran hombres fuertes y fornidos para la época, de inmediato se asustaron. Sin embargo, en medio de sus temores, Jesús seguía durmiendo. Las Escrituras señalan que incluso tenía la cabeza recostada sobre una almohada. Sin duda, estaba bien dormido.

Cuando los discípulos lo despertaron porque tenían miedo de morir, Jesús los reprendió por su poca fe. Lo hizo porque cuando subieron a la barca, les dijo que iban al otro lado. Les había contado el final desde el principio. Sin embargo, los discípulos optaron por confiar en lo que estaban experimentando en el mar en lugar de confiar en lo que Jesús mismo les había dicho.

El miedo hace eso. El miedo hace que olvides la Palabra de Dios más rápido que cualquier otra cosa que no sea el miedo mismo.

Jesús no les dijo a los discípulos: "Crucemos la mitad del mar y ahoguémonos". No, les dijo claramente que iban al otro lado, pero se olvidaron de esto cuando sintieron miedo. Entonces, en lugar de confiar en la fe para enfrentar el viento y las olas, confiaron en su propia perspectiva humana. Como resultado, su miedo solo empeoró hasta que Jesús finalmente tuvo que levantarse y ordenar a la tormenta que se calmara. Dijo: "Calla, enmudece", y la tormenta se calmó.

Una de las razones por las que parece que ya no podemos respirar tan fácilmente es que la Palabra de Dios se ha vuelto extraña para nosotros. Sí, abrimos la Biblia cuando el predicador nos da un pasaje de las Escrituras o no sabemos qué hacer en diversas situaciones, pero ya no consumimos la Palabra de Dios, no la respiramos, no permanecemos en ella ni meditamos en ella como se nos ha instruido. Cuando la Palabra ya no es el aire que respiramos, nuestra salud espiritual sufre y experimentamos ataques de asma espiritual.

Cuando estaba trabajando en mi comentario bíblico, pasé una cantidad excesiva de tiempo estudiando el Salmo 119 porque es el capítulo más largo de la Biblia. No podía limitarme a leerlo y hacer un resumen. Necesitaba entender sus entresijos para tener una perspectiva holística y profundizar en su significado.

Una cosa me llamó la atención: la Palabra de Dios es la vida misma. Todo parte, se ordena y termina en la Palabra de Dios. Si quieres experimentar la paz de Dios, que es tuya cuando más la necesitas, debes acercarte al Espíritu de Dios en consonancia con la Palabra de Dios. Cuando los dos obran en conjunto en tu mente y tu corazón, tienes paz.

Si estás en una situación difícil, no tienes esperanza y parece que no puedes encontrar a Dios en ninguna parte, debes saber que Él no se ha alejado. Tú te has alejado. Así que compruébalo por ti mismo. Comprueba dónde te encuentras en relación con la verdad de su Espíritu dentro de ti y en relación con su Palabra. Nuestro mundo y nuestras vidas no estarían en la crisis que estamos experimentando si solo confiáramos en Dios. Parece como si estuviéramos en un ciclo de crisis. Caos tras caos y conflicto tras conflicto... y todo eso combinado busca dejarnos sin aliento.

Sin embargo, cuando Dios permite el sufrimiento, el miedo y las dificultades, recuerda que Él siempre tiene un propósito: mostrarnos que Él es el Señor. En Zacarías 4:6 explica: "No con ejército, ni con fuerza, sino con mi Espíritu, ha dicho Jehová de los ejércitos". El Espíritu de Dios es quien nos da el poder que necesitamos para vencer cualquier situación. Los políticos no tienen la última palabra. Los revolucionarios no tienen la última palabra. Ni siquiera tu jefe tiene la última palabra. Es Dios quien habla de tal manera que la creación escucha. Es Dios quien suple todo lo que necesitas para tener una vida plena. Es Dios quien abre las puertas que ni siquiera sabes tocar.

Y Dios lo hace a través de la presencia permanente del Espíritu dentro de ti. Él te infunde el oxígeno de su vida para que puedas tener una influencia espiritual mientras lo sigues y muestras a un mundo que observa lo que realmente significa vivir por fe.

11

EL PODER

Estoy seguro de que estás de acuerdo en que la electricidad es una de las fuerzas más poderosas y útiles que tenemos a nuestra disposición. Nuestros hogares se calientan o enfrían gracias a ella. Gracias a la electricidad, podemos cocinar, refrigerar los alimentos perecederos y lavar y secar la ropa cómodamente. Podemos hacer muchas más cosas ahora, que antes que apareciera la electricidad en el mundo. Sin esta fuente de energía, administrar y mantener nuestros hogares, negocios e iglesias sería mucho más difícil.

Sí, la electricidad ha revolucionado la forma en que vivimos, y todo se debe al poder que obtenemos de una fuerza invisible.

No tienes que ver algo para que aporte un inmenso beneficio a tu vida. Ninguno de nosotros puede ver el viento, pero el viento influye en gran parte de lo que hacemos. Ninguno de nosotros puede ver la electricidad, pero la electricidad permite gran parte de lo que hacemos. Ninguno de nosotros ve el Espíritu Santo, pero el Espíritu Santo da vida a todo lo que hacemos.

JESÚS NOS DEJA EL ESPÍRITU SANTO

Este nombre para el Espíritu Santo, el Poder, describe uno de sus atributos, que es importante que comprendamos y aprovechemos. Lo descubrimos en el libro de los Hechos, donde leemos sobre el período de tiempo poco después de la resurrección de Jesús. Había llegado al final del período de cuarenta días entre su resurrección y su ascensión, y durante esos últimos momentos se reunió con sus seguidores para hablar sobre lo que sucedería cuando Él se fuera y para enseñarles más sobre los conceptos del reino de Dios.

En medio de esa conversación, Jesús dirigió los pensamientos y corazones de los discípulos hacia el Espíritu Santo. Leemos sobre ese momento en Hechos 1:6-8:

> Entonces los que se habían reunido le preguntaron, diciendo: Señor, ¿restaurarás el reino a Israel en este tiempo? Y les dijo: No os toca a vosotros saber los tiempos o las sazones, que el Padre puso en su sola potestad; pero recibiréis poder, cuando haya venido sobre vosotros el Espíritu Santo, y me seréis testigos en Jerusalén, en toda Judea, en Samaria, y hasta lo último de la tierra.

Los discípulos querían saber cuándo regresaría Jesús para establecer su reino, y Él les dijo que no les correspondía a ellos saberlo. Dios no quería revelarles esa información en ese momento, pero sí quería que supieran que, aunque los dejaría en su presencia física, aun así, iba a compartir su poder con ellos. Cuando Él ascendiera al cielo, dejaría a la persona del Espíritu Santo, que transferiría su poder espiritual tanto a ellos como a cada uno de nosotros.

Este atributo de poder es uno de los aspectos más incomprendidos y menos utilizados del Espíritu Santo. El Espíritu Santo es un miembro poderoso de la Trinidad, que toma de Dios el poder que es de Dios y nos lo entrega a ti y a mí para que el poder del cielo esté disponible para nosotros en la tierra.

Si bien Jesús hablaba del reino y la agenda del reino de Dios, que es la manifestación visible del gobierno integral de Dios sobre cada área de la vida, también hizo saber a los discípulos que la venida de este reino tendría que esperar algún tiempo. Sin embargo, mientras tanto sus seguidores debían recibir el poder para llevar a cabo la agenda del reino de Dios mientras estuvieran en la tierra. Y, en esencia, cuando Jesús hizo eso, a través del Espíritu Santo, nos suministró la electricidad del reino para lograr la meta primordial de Dios en la historia.

EL ESPÍRITU SANTO COMO ENCENDEDOR, CARGADOR Y CONECTOR

Una vez tuve un problema con la unidad de calefacción de mi casa. No funcionaba, era pleno invierno y me estaba congelando. Llamé a un técnico y le dije que pensaba que necesitaba una nueva unidad de calefacción. Supuse que se había roto por completo, pero después de echar un vistazo a mi unidad me dijo: "Está en buenas condiciones. Solo se apagó el encendedor". Fue una solución simple a un gran problema. Todo lo que necesitaba hacer era encender una pequeña pieza dentro de la unidad, que luego encendía el piloto para que mantuviera la llama encendida.

El Espíritu Santo es nuestro encendedor. Se debe encender y mantener la llama encendida dentro de nosotros para que podamos experimentar su poder. No es la cantidad de veces que asistes a la iglesia, a un estudio bíblico o a un grupo pequeño o la cantidad de devociones que lees lo que te colocará en el camino del propósito de su reino si el encendedor del Espíritu Santo se ha apagado. El Espíritu Santo es el responsable de empoderarte para que puedas mostrar el poder dentro de ti.

¿Alguna vez te quedaste sin batería en tu auto en la mitad de una carretera? Eso me pasó una vez. Nunca olvidaré estar allí de pie con el capó de mi auto levantado. Después de un tiempo, alguien amable se detuvo y se ofreció a hacer arrancar mi auto. Conectó las pinzas de arranque desde su propio auto hasta el mío para transferir la energía. Aunque disponía del manual que explicaba lo que tenía que hacer cuando se agotaba la batería de mi automóvil, no podía revivirlo solo con la información. No podía mover mi auto hasta que alguien me transfiriera la energía que necesitaba.

La Biblia contiene toda la información que necesitamos para vivir en plenitud, pero si no estamos debidamente conectados con el Espíritu Santo, no servirá de nada. No podremos ir a ningún lado. La información sin poder es solo información. El Espíritu Santo debe suministrar el poder que necesitamos para que podamos usarlo. Sin Él, estamos espiritualmente estancados.

¿Alguna vez estuviste estancado espiritualmente? Puedes evaluar tu vida y no ver ningún avance ni crecimiento. Estás estancado. Eso se debe a que te has desconectado del poder del Espíritu Santo. No digo que el Espíritu ya no esté, porque vive dentro de ti, pero los cables que una vez te conectaban a Él para que su poder pudiera fluir a través de ellos (los cables de la comunión con Él y permanecer en Él) se han desconectado.

¿Alguna vez viste un bote de remos tratando de tirar de alguien en esquís acuáticos? Estoy seguro de que no. Yo tampoco. Aunque un bote de remos tuviera ocho personas, no tendrían suficiente poder de remo para mantener a alguien esquiando sobre el agua. La persona sobre los esquís seguiría sumergiéndose en el agua cada vez que lo intentara porque no está conectada a la fuente de alimentación adecuada.

Cuando Jesús ascendió al cielo y sus seguidores quedaron en la tierra, nos dejó el *dúnamis*. Esta es la palabra que se usa en el griego original para describir el poder que Él dejó en la persona del Espíritu. La palabra *dúnamis* puede sonarte familiar porque es la palabra de la que deriva nuestra palabra castellana *dinamita*. El Espíritu Santo no es solo un goteo de poder que nos da un pequeño impulso. Tiene tanto poder, que Jesús lo describió como una dinamita. Es poder explosivo. Es el poder que cambia la vida. De hecho, es el poder que cambia el mundo.

TU NUEVA IDENTIDAD

Si quieres profundizar aún más en el origen de la batería que todo cristiano ha recibido, lee Hechos 1:5: "Porque Juan ciertamente bautizó con agua, mas vosotros seréis bautizados con el Espíritu Santo dentro de no muchos días". Esto nos introduce a la teología que se encuentra en la doctrina del bautismo del Espíritu Santo. La palabra griega *baptízo* habla de algo que adquiere una nueva identidad. He aquí una ilustración: una mujer quiere confeccionar un vestido rosa para su hija, así que lleva una tela que no es rosa a un tintorero, que sumerge la tela en tintura rosa. Cuando eso ocurre, la tela adquiere una nueva identidad. Ahora se la identifica de color rosa en el que se ha sumergido.

Bautizarse es volverse a identificar como seguidor de Jesucristo. El bautismo en agua es solo un ejemplo visible del bautismo espiritual. Mediante el bautismo, declaras públicamente que quieres identificarte como seguidor de Jesucristo y que estás dispuesto a que te conozcan por Aquel a quien has decidido seguir.

Ahora bien, el bautismo no te salva, tal como lo pone en evidencia Jesús al decirle al ladrón que colgaba de la cruz junto a Él que era salvo, aunque, obviamente, nunca tuvo la oportunidad de bautizarse. El evangelio es el que te salva (1 Corintios 15:1-2). No obstante, una vez que eres salvo, Dios espera que te conviertas en un discípulo a través de tu identificación pública con Jesucristo. Eres sepultado con Jesús simbólicamente en el bautismo cuando te sumerges en el agua, y luego resucitas para caminar en vida nueva. Dios espera que cada cristiano se bautice porque está comenzando una nueva relación con un nuevo Rey en un nuevo reino.

El reino incluye el gobierno de Dios sobre cada área de la vida. Dios desea que vivamos nuestros días promoviendo su gobierno en la tierra. Esto solo se puede hacer con el poder que nos da el Espíritu Santo. Hemos sido comisionados para salir y promover el reino de Dios, pero debemos hacerlo solo en el poder del Espíritu. Lucas 24:49 lo expresa de esta manera: "He aquí, yo enviaré la promesa de mi Padre sobre vosotros; pero quedaos vosotros en la ciudad de Jerusalén, hasta que seáis investidos [vestidos] de poder desde lo alto".

Al igual que en Hechos, Lucas mantuvo la advertencia de no seguir adelante y hacer la obra del reino hasta que el poder del Espíritu viniera sobre ellos. Lucas utilizó la palabra *vestidos* para describir esto. ¿Qué se hace con la ropa? Te vistes. Dios espera que te vistas de Jesucristo a través de la presencia del Espíritu. Gálatas 3:27 lo expresa de esta manera: "porque todos los que habéis sido bautizados en Cristo, de Cristo estáis revestidos [vestidos]".

La ropa es un gran medio de identificación de las personas. Puedes saber a qué equipo de fútbol pertenecen los jugadores por el uniforme que usan o en qué rama del servicio militar sirven los militares por la ropa que usan. Y no tienes que adivinar si alguien es un oficial de la ley, un médico o un juez. Lo sabes por su ropa. La ropa nos dice mucho sobre una persona.

Como cristianos, debemos vestirnos de Cristo. Debemos usar su carácter, sus atributos y sus cualidades de tal manera que nos identifiquen públicamente como sus seguidores. En otras palabras, no debería haber dudas de a quién perteneces o a qué equipo representas. El bautismo indica que eres un discípulo del reino visible e identificable. Cuando te comprometas con esto y camines en la verdad de lo que representa el bautismo, experimentarás el poder del Espíritu. La obra del Espíritu Santo es tomar el poder del cielo y traerlo a la tierra para fortalecerte a fin de que puedas cumplir la voluntad de Dios. De esta manera, Dios se hará visible a través de ti.

UNA NUEVA FORMA DE OPERAR

Antes de la pandemia de COVID-19, no me habrían visto cerca de una computadora. No tenía computadora y tampoco tenía planes de adquirir una. ¡Pero luego me convertí en un profesional del Zoom como tantos otros! Tenía que llevar a cabo nuestras reuniones de la iglesia y el ministerio nacional a través de este *software* llamado Zoom.

¿Sabes lo que hace Zoom? Toma lo verbal y lo hace visual. Convierte una llamada telefónica en una videollamada. Y ahora no solo puedes ver a la persona con la que estás hablando, sino que también puedes agregar varias personas a una llamada. De esta manera, pudimos llevar a cabo reuniones e incluso servicios religiosos y servicios especiales de oración durante el confinamiento por la pandemia.

El Espíritu Santo es como nuestro *software* de Zoom espiritual. Su tarea es hacer visible lo que leemos en la Biblia. Su poder hace que las palabras cobren vida tanto en nosotros como a través de nosotros.

Cuando Jesús predicó sobre el reino antes de dejar la tierra, proclamó una nueva norma. Propuso una nueva forma de pensar. Habló del gobierno integral de Dios, y este gobierno debía gobernar la vida de los creyentes hasta su regreso. Sería diferente a lo que los discípulos estaban acostumbrados, porque el reino de Dios es un reino diferente. Es una cosmovisión completamente diferente. Es una forma diferente de hablar, caminar, pensar, actuar, relacionarse y percibir las cosas.

Sin embargo, el problema es que el poder necesario para funcionar totalmente en este nuevo reino proviene del propio reino. Tenemos acceso al poder solo a través de Jesucristo. Él es la llave. Él es la piedra angular. Él es el punto de entrada a esta forma diferente de vivir.

Sin embargo, lo que Jesús proporciona como punto de entrada no es del todo lo que necesitamos para operar. Jesús nos conecta con el Espíritu Santo para que podamos acceder al poder que necesitamos para llevar adelante nuestras vidas en este reino. Cuanto más permanezcamos conectados con el poder del Espíritu más seremos capaces de tomar esta nueva cosmovisión de reino e infundirla en la cultura y el mundo en el que vivimos.

Debemos propagar lo que el Rey dice sobre cada tema, ya sea raza, cultura, clase, género, trabajo, dinero, política o cualquier otro asunto. En lugar de atenernos a la manera antigua de pensar y operar, ahora debemos aplicar esta nueva manera de pensar a cada tema. De este modo, ejercemos influencia en quienes nos rodean y en cada uno de estos ámbitos con una perspectiva de reino.

Sin embargo, si tratamos de hacerlo sin el poder del Espíritu Santo, fracasaremos en cada intento. Seguiremos viviendo en confusión y caos. Solo cuando recibimos el poder para vivir los principios del reino, nos convertimos en agentes valiosos para promover la cosmovisión de Dios en los diversos ámbitos que nos rodean.

Cuando tú y yo nos convertimos en cristianos, formamos parte de un nuevo conjunto de reglas y expectativas. Entramos en el reino de Dios y adoptamos su forma de operar. Y así como cualquiera que sea dueño de una casa tiene una forma establecida de operar allí y pide a los visitantes que cumplan con sus reglas, Dios también tiene una forma establecida de operar en su reino.

Por ejemplo, si estás acostumbrado a fumar y visitas mi casa, no encontrarás ceniceros por ningún lado. Tendrás que fumar afuera porque es mi hogar y tengo un conjunto de reglas incluso para aquellos que me visitan. Si incluso estás acostumbrado a decir malas palabras, en mi casa no se dicen malas palabras. Tendrás que ajustarte a mis reglas porque es mi casa. La mayoría de las personas no tienen problemas con eso cuando visitan la casa de otra persona. Entienden que es así, y punto.

Cuando te convertiste en cristiano, entraste en el reino de Dios. Entraste en un reino con reglas. Si no te gustan las reglas, puedes crear tu propio mundo y administrar tu propio reino, pero en este las reglas de Dios reinan por sobre cualquier otra regla.

No obstante, independientemente de esta realidad, muchas personas han traído la forma de pensar y la forma de operar del mundo al reino de Dios, y le han pedido a Dios que se adapte a ellos. Literalmente, están desafiando las normas de Dios y las reglas de su mundo y su reino, como si supieran más que Él. Como resultado, tenemos el terrible caos que vemos a nuestro alrededor, y poco poder que emane de nosotros y a través de nosotros.

LA IMPORTANCIA DE RENDIRSE

Una de las razones por las que las personas desafían la forma de operar de Dios es que es natural buscar vivir de su propio poder. Cuando hacemos eso, sentimos que tenemos el control. Para la mayoría de nosotros, es difícil ceder (o rendir) nuestro poder para que el poder del Espíritu Santo pueda tener plena eficacia en nuestra vida. Es un acto de fe. No es algo que tomamos para hacer una prueba y decidir si nos gusta. De modo que se nos otorga el poder del Espíritu Santo cuando cedemos, no cuando queremos probarlo para saber si nos satisface. Por lo tanto, muchas personas se pierden una vida en el poder sobrenatural de Dios porque no dan el paso de fe para experimentarlo.

Solo cuando te rindes obtienes la primicia sobre cómo puede manifestarse en tu vida el poder del Espíritu. Jesús habló de esto en Juan 16:12-15:

> Aún tengo muchas cosas que deciros, pero ahora no las podéis sobrellevar. Pero cuando venga el Espíritu de verdad, él os guiará a toda la verdad; porque no hablará por su propia cuenta, sino que hablará todo lo que oyere, y os hará saber las cosas que habrán de venir. Él me glorificará; porque tomará de lo mío, y os lo hará saber. Todo lo que tiene el Padre es mío; por eso dije que tomará de lo mío, y os lo hará saber.

Todo lo que Dios está haciendo en su reino se te revela a través del Espíritu de verdad. Sabrás todo lo que necesitas saber para conducir con éxito tu vida en la tierra a través del poder de la revelación íntima. El Padre se lo revela al Hijo. El Hijo se lo revela al Espíritu. Y luego el Espíritu te lo revela a ti. Al igual que las computadoras conectadas en red, obtendrás poder a través de tu acceso a la mente de Dios.

Sin embargo, esto ocurre solo cuando estás conectado. Si no estás sincronizado con el Espíritu, no recibirás la corriente de su poder. Si no estás operando con la Palabra de Dios en tu vida diaria, no estás operando con la verdad. Puedes invocar al Espíritu Santo todo lo que quieras, pero en el momento en que te desvíes de las Escrituras, habrás cancelado la transferencia de su poder. El Espíritu se ocupa solo de la verdad de Dios. Como señala Juan 17:17: "Santifícalos en tu verdad; tu palabra es verdad".

Demasiados cristianos viven sin poder espiritual, porque se han alejado de la verdad o buscan mezclar la verdad con sus propios pensamientos o con la sabiduría del mundo. Sin embargo, la verdad se anula cuando se fusiona con cualquier otra cosa. Como dijo Jesús a los fariseos en Marcos 7:13, en realidad podemos invalidar la Palabra de Dios por la "tradición".

¿Sabías que puedes anular la Biblia en términos de cómo opera en tu vida? Puedes anular su poder en tu vida. Puedes anular su influencia en tu vida. Puedes anular las bendiciones que podrían llegar a ti a través del poder del pacto. Haces todo eso cuando buscas fusionar el pensamiento secular con el de Dios. Haces eso cuando buscas fusionar la sabiduría mundana con la de Dios. Haces eso cuando buscas fusionar tu propia "verdad" con la verdad absoluta de Dios. Te anulas a ti mismo. Anulas el poder que podrías haber obtenido a través del libre fluir del Espíritu en tu alma.

El objetivo del Espíritu Santo no es darte mucha importancia a ti. El objetivo de Espíritu Santo no es darle mucha importancia a nuestra cultura o a las celebridades espirituales influyentes. El objetivo del Espíritu Santo tampoco es darse mucha importancia a Sí mismo. El objetivo del Espíritu Santo es darle mucha importancia a Jesucristo. Por eso se nos dice una y otra vez que nuestra tarea en la tierra es permanecer en Cristo. Nuestra tarea en la tierra es identificarnos con Jesús. Nuestra tarea es revestirnos de Cristo. Nuestra tarea es glorificar a Dios y promover su reino al glorificar a Jesucristo. Cuando lo damos a conocer a través de nuestras palabras y nuestras acciones, logramos ese objetivo.

El Espíritu Santo posibilitará la magnificación de Jesucristo en tu vida. Será el promotor de eso y ni siquiera tendrás que pedírselo. Cuando Él te vea haciendo eso, te infundirá más poder, más sabiduría y más fuerza. La búsqueda intencional de Jesús es lo que arranca el encendido del poder del Espíritu en tu vida.

Tu relación con Cristo es lo que hace partícipe al Espíritu Santo no solo en tus palabras sino también en tus acciones. El interruptor de encendido se desliza a máxima potencia cuando vives como un seguidor visible y verbal del reino del Señor Jesucristo. La palabra *glorificar* significa hacer notorio. Significa resaltar. Glorificar significa exclamar de manera inconfundible. Nuestro papel como iglesia colectivamente y como cristianos individualmente es glorificar a Jesucristo al hacer avanzar el reino de Dios. Es bastante sencillo. Por lo tanto, si no estás cultivando tu relación con Jesús, no estás accediendo al poder del reino.

A veces lo hacemos demasiado difícil. Hacemos de la "búsqueda del Espíritu Santo" nuestro objetivo y complicamos demasiado las cosas. Lo hacemos nuestro objetivo cuando jamás se trató de eso. Simplemente, se trata de pedir la presencia y el poder del Espíritu Santo en tu vida de manera continua (Lucas 11:13). Glorifica a Jesús, identifícate con Jesús y permanece en Jesús, y tendrás la máxima expresión del Espíritu Santo en tu vida. Cuanto más te conformes a Cristo basado en su Palabra, más poder tendrás en tu vida. De hecho, tendrás tanto poder que se desbordará con naturalidad a medida que te conviertas en su testigo para los demás (Hechos 1:8).

Ni siquiera tendrás que tratar de ser un testigo de Jesús. Te resultará natural. Así como es natural que una pareja use sus anillos de bodas cuando se casan porque quieren identificarse públicamente el uno con el otro, será natural que tú te identifiques públicamente con Jesucristo en todo lo que digas y hagas. Testificar acerca del evangelio será algo natural para ti. Manifestar el amor de Jesucristo será algo natural para ti. No te tendrán que forzar o persuadir a representar a Jesús cuando te hayas identificado con Él.

Además, cuando el Espíritu te vea caminando en consonancia con el llamado del reino, te dará poder. Te animará. Te abrirá puertas. Te permitirá hacer mucho más de lo que podrías hacer por tu cuenta. El Espíritu actuará como helio en tus pulmones y te levantará por sobre tus derrotas, adicciones y desánimo y te colocará en una plataforma de influencia espiritual e incidencia en las esferas que representas. Cumplirás tu propósito en el reino cuando aprendas a vivir de acuerdo con el poder del Espíritu manifestado en tu vida.

12

EL VIENTO Y FUEGO

Dependiendo de tu edad y origen, es posible que estés familiarizado con canciones como *"Let's Groove"*, *"Serpentine Fire"* y *"Got to Get You Into My Life"*. La banda que cantó tales éxitos fue *Earth, Wind & Fire*, que ingresó a la escena musical en los años 70 y cautivó la atención del mundo del R&B con su sonido y ritmo únicos.

Se ha dicho que cuando Maurice White, el creador del grupo musical, estaba pensando qué nombre poner a la banda, consultó la astrología. Sagitario, el signo de los elementos, lo llevó a elegir *Earth, Wind & Fire*. Quería un nombre que transmitiera cuán fuerte era la "electricidad" de la banda; tan fuerte que impresionara y contagiara a su entorno hasta tal punto que nadie los pudiera ignorar. Que nadie fuera capaz de mirar hacia otro lado. Que la presencia de la banda hiciera temblar todo, encendiera todo y fluyera con tanta energía por el aire que a nadie le pasara desapercibido.

Y para sus esperanzas y sueños, eso fue lo que sucedió durante su descomunal serie de éxitos.

Tal fue el caso del Espíritu Santo cuando apareció en la escena de la iglesia primitiva. Su apariencia y presencia eran tan poderosas, que encendió algo dentro de estos fundadores y miembros de la iglesia primitiva, que no solo llamaría la atención de Jerusalén, sino que además cautivaría a todo el mundo.

EL DÍA DE PENTECOSTÉS

Leemos acerca de esta extraordinaria aparición en escena del Espíritu Santo, que inició la era de la Iglesia, en Hechos 2:1-4:

> Cuando llegó el día de Pentecostés, estaban todos unánimes juntos. Y de repente vino del cielo un estruendo como de un viento recio que soplaba, el cual llenó toda la casa donde estaban sentados; y se les aparecieron lenguas repartidas, como de fuego, asentándose sobre cada uno de ellos. Y fueron todos llenos del Espíritu Santo, y comenzaron a hablar en otras lenguas, según el Espíritu les daba que hablasen.

El Espíritu Santo es el verdadero Viento y Fuego, que el cielo hizo descender para acaparar toda la escena. Llegó en un momento de la historia cuando los israelitas estaban celebrando una de sus fiestas: la entrega de los Diez Mandamientos a Moisés. Era el quincuagésimo día después de la Pascua, y llamaban a esta celebración: *Pentecostés*. El Pentecostés marcaba el recuerdo de la liberación de Israel cuando Dios los sacó de Egipto, así como la entrega de la ley. Sin embargo, con el paso del tiempo, esta celebración especial no solo reflejaría una realidad histórica, sino que también inauguraría el comienzo de la Iglesia formal.

Para conocer el contexto de la venida del Espíritu, leemos en este pasaje que los discípulos se habían reunido en un mismo lugar. Y fue en esa casa y en ese momento cuando el Espíritu apareció de repente. Llegó de forma inesperada, impredecible y sorprendente, algo así como un tornado, que se formó sin previo aviso y transformó el cielo celeste en un instante. Tan poderoso fue ese viento recio, que toda la ciudad lo notó (vv. 5-6). Atrajo tanta atención a la transformación que estaba teniendo lugar, que incluso aquellos que se habían reunido para la celebración del Pentecostés no pudieron evitar ser testigos de lo que estaba sucediendo en esa casa.

Esa casa en particular fue invadida desde el cielo con un estruendo inconfundible. Era como si un día agradable y soleado sin brisa se convirtiera al instante en una experiencia turbulenta. Era como si un viento fuerte y recio soplara y transformara todo a su paso. Además, ese viento vino acompañado de lenguas de fuego. No fue una tormenta común y corriente. Tenía todos los elementos de una transformación total.

Ahora bien, como vemos a menudo en California, Colorado y muchas otras regiones de los Estados Unidos y todo el mundo, cuando el fuego se combina con el viento, tenemos un problema. Se produce un incendio imposible de controlar. Podemos tener fuego sin viento, o viento sin fuego, pero si el viento se apodera del fuego, juntos se convierten en otra cosa completamente distinta. Se convierten en algo que es casi imposible de contener y controlar.

Se nos dice que el Espíritu vino como un viento fuerte y recio acompañado de lenguas de fuego. Llegó de tal manera que toda la ciudad lo notó al instante. Esa presencia inconfundible de la realidad de Dios en medio del pueblo de Dios transformó tanto la escena como la atmósfera al marcar el comienzo de algo completamente nuevo: la Iglesia.

Tanto la anatomía del viento como la del fuego son inconfundibles. Ambos son incontrolables. Ambos son transformadores. Ambos son generadores de energía. Ambos son agentes de purificación. Ambos son penetrantes. Ambos son impredecibles. El Espíritu Santo representa todas estas realidades cuando su presencia se libera y se manifiesta a través de su pueblo.

SE INICIA LA IGLESIA

No obstante, lo que quiero resaltar es que el inicio de la Iglesia no estuvo ligado a un edificio. Tampoco estuvo ligado a un programa o entretenimiento elaborados. No estuvo ligado a personalidades estrella o a personas influyentes espirituales de la sociedad en general. Y los discípulos no se abrieron camino en la mente y el corazón de los seguidores para iniciar la Iglesia. Más bien, estos discípulos estaban asustados. Tenían tanto miedo que estaban escondidos por temor en una habitación cuando Jesús atravesó esa puerta en Juan 20. No estaban promocionando su último libro o producto. Ninguna de esas cosas existió.

Lo que llamó la atención del pueblo de Dios, e incluso de aquellos que aún no eran creyentes, fue únicamente esa invasión sobrenatural del Espíritu Santo. Todo era Espíritu. No fue el Espíritu más su famoso portavoz. Tampoco fue el Espíritu más una buena comida y actividades entretenidas. Tampoco fue el Espíritu más una banda de adoración o un nuevo álbum de alabanzas. El Espíritu Santo fue quien inició la Iglesia.

Lamentablemente, hoy día se suele reemplazar al Espíritu Santo con el sofisticado cristianismo formal del siglo XXI. A menudo celebramos nuestras instalaciones más que al Espíritu. Engrandecemos las personalidades humanas más que al Espíritu. Damos más admiración al éxito y la fama que al Espíritu. Hemos buscado reemplazarlo con entretenimiento y emocionalismo, y luego nos preguntamos por qué la Iglesia no está en llamas.

Ahora bien, ¿por qué la Iglesia estaría en llamas cuando hemos relegado al Espíritu y lo hemos limitado a nuestros propios talentos y programas? ¿Por qué el mundo debería prestar atención a la religión formal cuando opera fuera del poder del Espíritu?

Las personas de esa cultura sobre la que leemos en Hechos 2 no pudieron dejar de percibir el Espíritu y notar lo que estaba haciendo. No pudieron dejar de voltearse y reconocer que algo poderoso, algo diferente y algo nuevo estaba sucediendo. Habría sido casi imposible para ellos ignorar la ráfaga del Espíritu que soplaba y transformaba todo a su paso. Muy distinto a lo que sucede hoy. En la actualidad, es fácil que el mundo pueda ignorar a la Iglesia cuando opera en su propio poder, sin el poder del Espíritu.

¿Cómo podemos tener tantas iglesias en cada esquina con tantos edificios y tantos programas dirigidos por predicadores y líderes que utilizan todo tipo de mecanismos de comunicación y aun así tener toda esta decadencia? Hay un serio problema en alguna parte, y mi opinión es que se trata de la ausencia del Espíritu Santo. Porque cuando el Espíritu Santo aparece, lo sabes. Así como lo hizo en el libro de los Hechos, Dios te lo hace saber a través de una invasión espiritual de este tercer miembro de la Trinidad. Cuando lo sobrenatural entra en lo natural, no puedes dejar de notarlo. Mientras que el Espíritu Santo es invisible, su presencia e influencia son bastante visibles.

No importa cuán bíblicos y ortodoxos sean los predicadores, si no tienen el poder del Espíritu en su vida ni en la vida de los oyentes de su iglesia, lo que dicen y enseñan se convierte en mera información. La mera información pronto se olvida. Solo el Espíritu produce la transformación que enciende una vida, una familia o una iglesia entera para que, a la vez, puedan encender la comunidad o la ciudad en la que se encuentran.

Vivimos en una época en que el Espíritu de Dios se ha relegado. Se ha puesto en segundo plano. Sí, escuchamos que se menciona al Espíritu de vez en cuando, pero no vemos un viento recio. No vemos lenguas de fuego. No somos testigos de personas en llamas por la presencia de Dios que penetra en la Iglesia a través de la presencia manifiesta del Espíritu. La Iglesia no es solo un salón de clases espiritual donde se recibe instrucción. Desde luego que no es un teatro para actuaciones o una organización con meros programas. La Iglesia debe ser el ambiente de transformación donde el Espíritu de Dios impresione, contagie y encienda al pueblo de Dios y produzca como resultado vidas transformadas que luego transfieran los valores del reino de Dios a otros.

Ninguno de nosotros quiere cenar en un lugar que no huele bien. El aire viciado no aumenta el apetito de una persona. Y ninguno de nosotros quiere consumir comida rancia. Sin embargo, de alguna manera aceptamos la adoración rancia, la predicación rancia y las palabras rancias en la mayoría de nuestras iglesias de hoy porque no tenemos el viento y fuego del Espíritu Santo que encienda algo fresco y nuevo.

Vivimos en una época en que la Iglesia se presta para ser un mero club social o un lugar de entretenimiento. Eso se debe a que nos hemos vuelto rancios. Cuando no hay viento ni fuego repentinos del Espíritu Santo, que encienda el corazón y el espíritu de los hijos de Dios, lo más que podemos esperar es un centro comunitario con una cruz arriba. Si el predicador es el que atrae a la audiencia o los músicos son los que llenan las bancas, pero rara vez vienen personas para pasar tiempo juntas en la presencia de Dios, el propósito de la Iglesia se ha corrompido.

Los discípulos recibieron el poder del Espíritu Santo cuando fueron obedientes a la instrucción de Jesús de ir y reunirse en la presencia de Dios. Debían esperar hasta que el Espíritu viniera sobre ellos. Sin embargo, la mayoría de las personas hoy día no esperan. Más bien, van a la iglesia para escuchar a alguien predicar o para marcar la asistencia a la iglesia de su lista de tareas pendientes. Sin embargo, luego se preguntan por qué sus vidas carecen del fervor que suele identificar a un fiel seguidor de Jesucristo.

Por eso la oración era una parte tan importante de la iglesia primitiva. Los creyentes pasaban tiempo en la presencia de Dios, porque sabían cuánto necesitaban el viento y el fuego. Sabían que no podían iniciar la Iglesia y extender su alcance por sus propios méritos. Tenían que permanecer en la presencia del Espíritu para marcar el comienzo de una mayor experiencia de su realidad en la tierra. Para ellos no se trataba de un libro para leer o un tema para estudiar. Era algo, y Alguien, que conocían de primera mano. Lo habían visto obrar y sabían que, si querían lograr algo, sería por el poder del Espíritu, no por sus propias habilidades, sus talentos o su visión.

El rol del Espíritu Santo es hacer experiencial la verdad de Dios en la vida de las personas. Para el incrédulo, es llevarlo a ser consciente de la realidad del pecado y luego llevarlo a la salvación (Juan 16:8-11). Para los creyentes, es transformarnos a la imagen de Cristo (2 Corintios 3:17-18). Para la vida de la Iglesia, es capacitarla para luego contagiar la cultura con la presencia y el poder de Dios.

Cuando alguna de esas cosas no sucede (las personas no se salvan, los santos no se transforman y la Iglesia no ejerce ninguna influencia en la cultura), es porque nuestra relación con el Espíritu Santo se ha vuelto tan superficial y aburrida, que Él no es libre de hacer su obra en y a través de nosotros. El Espíritu Santo tiene libertad para fluir cuando nosotros, como discípulos, obedecemos las enseñanzas de Jesús y priorizamos la búsqueda de su presencia.

JUNTOS EN UN MISMO SENTIR

Los discípulos no solo esperaban la presencia del Espíritu como Jesús les había anunciado, sino que estaban reunidos en un solo lugar, como un solo cuerpo. Estaban juntos en un mismo sentir buscando lo mismo. Esta verdad nos presenta la doctrina bíblica de la unidad. Debido a que los discípulos operaban con un mismo sentir y buscaban lo mismo mientras se les indicaba que siguieran la misma dirección hacia la misma meta, recibieron el viento y fuego del Espíritu.

La Iglesia como la conocemos hoy, y nosotros como individuos, no veremos todo el poder del viento y el fuego en la tierra hasta que comencemos a tomar en serio la doctrina bíblica de la unidad. Satanás pasa mucho tiempo en desunirnos de manera ilegítima.

Ahora bien, existe una base legítima para la desunión, que implica el pecado y la justicia, o la idolatría frente el Dios verdadero, o incluso la doctrina falsa y la doctrina verdadera (Romanos 16:17; 2 Corintios 6:14; Efesios 5:11; 1 Timoteo 4: 1-7; 1 Corintios 5:1-6). No obstante, más allá de estas cosas, no hay ninguna base legítima para la desunión. Y, sin embargo, hoy día nuestras iglesias y nuestros miembros están desunidos por todo tipo de razones no decisivas sobre las que nos encontramos intensamente divididos (como la afiliación o preferencia denominacional o desacuerdos más serios sobre cuestiones raciales, políticas o incluso teorías de conspiración), que además evitan que el Espíritu se exprese como un viento recio y fuego en toda su plenitud.

Una de las artimañas más antiguas de Satanás es la división. Él divide a los creyentes de la misma forma ilegítima y así contamina la atmósfera para que no aparezca la presencia real de Dios. Satanás desune a los matrimonios para que sus oraciones tengan estorbo (1 Pedro 3:7). Desune a los pastores, diáconos y miembros de las iglesias para que no puedan ejercer ninguna influencia en la cultura.

Debido a que Dios valora tanto la unidad y limita su participación donde prevalece la desunión, es fundamental que nosotros, como su cuerpo, hagamos de la búsqueda intencional de la unidad nuestra prioridad. Una de las cosas más importantes que puede hacer una iglesia es promover el ruego de Pablo en Efesios 4:1-3:

> Yo pues, preso en el Señor, os ruego que andéis como es digno de la vocación con que fuisteis llamados, con toda humildad y mansedumbre, soportándoos con paciencia los unos a los otros en amor, solícitos en guardar la unidad del Espíritu en el vínculo de la paz.

Si una iglesia no preserva en la unidad del Espíritu, no tendrá la presencia del Espíritu significativa. Si no tienes la presencia del Espíritu, no experimentarás el poder del Espíritu. Si no tienes el poder del Espíritu, no experimentarás transformación, influencia o crecimiento. Tendrás simplemente una iglesia y no un cambio real.

No sé tú, pero yo no quiero tener simplemente una iglesia. No quiero aparecer día tras día para entretener a la gente solo para pasar el tiempo. Quiero que el Espíritu Santo aparezca y marque el comienzo de un verdadero cambio en la vida de las personas, un cambio que luego se reproduzca en más cambios a medida que el viento y fuego del Espíritu se extiendan por nuestra nación y el mundo.

Creo que, durante el cierre de la pandemia de 2020, Dios restableció nuestra vida espiritual al sacarnos de la rutina de asistir a la iglesia y llevarnos a lo que más importa. Cuando las iglesias tuvieron que cerrar debido a la pandemia y las personas tuvieron que buscar dónde y cómo se conectarían con otros creyentes, fue como si el viento y el fuego soplaran a través de nuestra nación de diversas maneras nuevas.

Las personas comenzaron a escuchar predicadores que nunca antes habían escuchado. Comenzaron a conectarse con pequeños grupos virtuales a los que nunca hubieran asistido antes. Comenzaron a buscar en las Escrituras por sí mismas y a buscar la propia voz de Dios para recibir dirección.

Puedo decirte personalmente que nuestro ministerio nacional recibió infinidad de testimonios de personas que fueron tocadas durante este tiempo de convulsión y crecieron espiritualmente, por lo que estamos agradecidos. Personas que ni siquiera nos habían conocido antes, pero cuando la rutina normal se alteró, como cuando los discípulos se reunieron en el aposento alto, las personas buscaron maneras de escuchar a Dios. Y cuando la presencia del Espíritu las encontró, las transformó.

Algunos capítulos después, en Hechos 4, podemos ver este tremendo cambio que tuvo lugar en Pedro y Juan como ejemplo. Estos dos hombres habían estado tan asustados que Pedro incluso había negado a Jesús no mucho antes y los dos se habían escondido después de su crucifixión. Eran hombres pusilánimes, no hombres que uno pensaría que continuarían proclamando con denuedo un mensaje que iba en contra de la cultura. Sin embargo, en Hechos 4, leemos que eso es exactamente lo que hicieron estos hombres.

> Y puestos en libertad, vinieron a los suyos y contaron todo lo que los principales sacerdotes y los ancianos les habían dicho. Y ellos, habiéndolo oído, alzaron unánimes la voz a Dios, y dijeron: Soberano Señor, tú eres el Dios que hiciste el cielo y la tierra, el mar y todo lo que en ellos hay; que por boca de David tu siervo dijiste:
>
> ¿Por qué se amotinan las gentes,
> Y los pueblos piensan cosas vanas?
> Se reunieron los reyes de la tierra,
> Y los príncipes se juntaron en uno

> Contra el Señor, y contra su Cristo.
>
> Porque verdaderamente se unieron en esta ciudad contra tu santo Hijo Jesús, a quien ungiste, Herodes y Poncio Pilato, con los gentiles y el pueblo de Israel, para hacer cuanto tu mano y tu consejo habían antes determinado que sucediera. Y ahora, Señor, mira sus amenazas, y concede a tus siervos que con todo denuedo hablen tu palabra, mientras extiendes tu mano para que se hagan sanidades y señales y prodigios mediante el nombre de tu santo Hijo Jesús (vv. 23-30).

Según Hechos 4, cuando ocurrieron los acontecimientos de este pasaje, la iglesia ya había sido establecida. No obstante, fue el mismo principio de unidad y la misma presencia del Espíritu Santo lo que sacudía las cosas dondequiera que los discípulos fueran. Observa en la primera parte del pasaje que los discípulos hicieron lo que hicieron a través de la oración y la unidad, ya que leemos: "alzaron unánimes la voz a Dios". Cuando esto sucedió, el Espíritu Santo apareció y se apoderó de la atmósfera, haciendo arder el lugar.

Muchos de nuestros problemas de hoy provienen de una cuestión atmosférica. Sí, tenemos edificios bien acondicionados con calefacción y aire acondicionado según la necesidad; pero en general, nuestros edificios están desprovistos de la presencia predominante del Espíritu. Debido a ello, nunca llegamos a experimentar un sacudimiento como deberíamos o una intervención sobrenatural. No llegamos a ser testigos de la obra transformadora de Dios que nos sorprenda una y otra vez. En esencia, nos hemos programado y proyectado para dejar fuera la presencia de Dios.

El Espíritu Santo no se atiene a nuestros programas. Él es como el viento. El viento es impredecible. El viento va donde quiere, y hace lo que quiere. Y cuando el viento y el fuego se mezclan, se apoderan de todo a su paso. Saltan por sobre las autopistas para llegar a donde quieren llegar.

Por eso debemos volver a lo que significa operar como Iglesia, donde demos lugar a que el Espíritu Santo se mueva y fluya con libertad. Eso no significa que no podamos planificar. Podemos hacer planes, pero también debemos someterlos al Espíritu Santo para que Él tenga la libertad de prender fuego repentinamente en las cosas. Tenemos que dar lugar otra vez al Espíritu, como lo hicieron los discípulos y los miembros de la iglesia primitiva y todos los grandes líderes de los avivamientos históricos. Nuestra nación necesita un viento fresco y un nuevo fuego que la atraviesen, pero eso ocurrirá solo cuando nos comprometamos totalmente a orar, permanecer en Él y estar unidos unos con otros mientras buscamos decididamente al Espíritu.

¿Cuándo fue la última vez que te conmovió el mover del Espíritu? ¿Cuándo fue la última vez que tu iglesia experimentó la presencia del Espíritu a tal grado que fuiste sacudido por su poder? Nuestros testimonios no deberían ser solo de lo que Dios hizo hace una década o más. Dios es un Espíritu omnipresente que quiere conmover, cambiar, regir y transformar todo a su paso, pero Él lo hace conforme a sus medios prescritos. Debemos tomar en serio Hebreos 10:24-25, que señala:

> Y considerémonos unos a otros para estimularnos al amor y a las buenas obras; no dejando de congregarnos, como algunos tienen por costumbre, sino exhortándonos; y tanto más, cuanto veis que aquel día se acerca.

NO SEAS UN CRISTIANO INDEPENDIENTE

Parte de lo que somos como creyentes en Cristo implica cómo tratamos e interactuamos unos con otros. La vida del reino incluye el aliento y el apoyo intencional de otros en el contexto de una relación saludable. Cualquier cristiano que no sea una parte vital de una congregación local de creyentes está, lisa y llanamente, viviendo en pecado. Sé que es duro de decir, pero lo digo solo porque Dios lo dice. No debemos dejar de congregarnos. Y si bien es cierto que no necesitas ir a la iglesia para ir al cielo, sí necesitas el contexto de la iglesia para animar a otros en la fe y dejar que te animen a ti.

Además, cuando hablas o piensas solo en tu camino al cielo, solo te estás considerando a ti mismo. Un leño en una chimenea producirá solo una cantidad limitada de calor. Sin embargo, cuando se encienden varios leños juntos, se produce suficiente calor para calentar toda una habitación. Debemos amarnos unos a otros, animarnos unos a otros, ser hospitalarios unos con otros, y mucho más. Es imposible hacer esas cosas solo.

Si eliges ser un cristiano independiente, no estás funcionando "unánimes juntos" en el cuerpo unido de creyentes. No te beneficiarás de ellos, y ellos no se beneficiarán de ti. Además, la cultura en general no se beneficiará de la presencia y el poder manifiestos del Espíritu, que aparece cuando estamos unidos en un mismo sentir. Dios no creó la iglesia solo para que sus miembros pudieran sentarse, empaparse y agriarse. Él te quiere en una iglesia para que contagies a otros y para que otros puedan contagiarte a ti.

Cuando el Espíritu entra en un ambiente de unidad, lo enciende. Cuando una iglesia está encendida, afecta todo a su alrededor para la gloria de Dios y para bien. Y así como un fuego desenfrenado puede saltar una carretera, el Espíritu puede saltar de persona a persona y hacer su obra transformadora en todos.

Dios diseñó y desea que su pueblo se reúna en una iglesia local. Así es como estableció el avance estratégico de su reino en la tierra. Cuantos más leños haya en el fuego, mejor. Dios quiere a su Iglesia ardiente en el Espíritu Santo para que la obra transformadora de su presencia cambie el mundo.

EL VIENTO Y FUEGO EN TI

Si volvemos a Hechos 2 y leemos más sobre las experiencias de los discípulos después que el Espíritu los alcanzara, veremos cómo Dios cambia el mundo a través de su compromiso con sus seguidores. Somos testigos de su poder expresado de manera sobrenatural en la vida de los discípulos.

> Y fueron todos llenos del Espíritu Santo, y comenzaron a hablar en otras lenguas, según el Espíritu les daba que hablasen. Moraban entonces en Jerusalén judíos, varones piadosos, de todas las naciones bajo el cielo. Y hecho este estruendo, se juntó la multitud; y estaban confusos, porque cada uno les oía hablar en su propia lengua. Y estaban atónitos y maravillados, diciendo: Mirad, ¿no son galileos todos estos que hablan? ¿Cómo, pues, les oímos nosotros hablar cada uno en nuestra lengua en la que hemos nacido? Partos, medos, elamitas, y los que habitamos en Mesopotamia, en Judea, en Capadocia, en el Ponto y en Asia, en Frigia y Panfilia, en Egipto y en las regiones de África más allá de Cirene, y romanos aquí residentes, tanto judíos como prosélitos, cretenses y árabes, les oímos hablar en nuestras lenguas las maravillas de Dios. Y estaban todos atónitos y perplejos, diciéndose unos a otros: ¿Qué quiere decir esto? (vv. 4-12).

El Espíritu Santo dio a los discípulos la capacidad de hablar en otros idiomas humanos que jamás habían aprendido. El poder sobrenatural se apoderó de ellos de tal manera que podían hacer lo que no les era natural hacer por sí mismos. Por eso sabemos que era la obra del Espíritu y no simplemente el talento humano.

Como creyente, también sabrás cuándo el Espíritu está obrando en ti, porque Él te capacitará o te dará poder para hacer lo que nunca podrías hacer por tu cuenta. Puede que no sea hasta el extremo de hablar en otro idioma, aunque podría serlo. No obstante, el Espíritu a menudo les dará a las personas una mayor confianza, una visión más aguda, una dirección más clara o incluso un pensamiento que les abrirá las puertas para servir a Dios de maneras que jamás imaginaron por sí mismas.

Si cuando era un niño pequeño me hubieras dicho que pasaría mi vida hablando frente a miles de personas con regularidad, te habría cuestionado. Después de todo, tenía un problema persistente de tartamudeo, pero nada de eso le importa a Dios. El Espíritu Santo puede vencer y dominar cualquier insuficiencia física que tengamos. Y lo que es más, a menudo Él lo hará para que sepamos que cualquier cosa que hayamos hecho en su nombre es el resultado de su facultad de hacer su voluntad a través de nosotros.

¿Por qué no estamos experimentando más milagros y obras de Dios entre nosotros como cuerpo de creyentes en la actualidad? Porque hemos relegado al Espíritu Santo a un tema para estudiar una vez al trimestre o un sermón para predicar cuando sea conveniente. No estamos llenos de la presencia del Espíritu Santo como deberíamos estar. Y, debido a que no estamos llenos del Espíritu, nos falta su poder transformador y milagroso. Solo cuando operemos en la plenitud de su presencia a través de una relación comprometida con Él, veremos cómo su viento y su fuego incendia nuestros corazones y nuestras vidas.

La influencia del reino que Dios quiere que tengas, la mayoría de las veces, te llevará más allá de tu capacidad natural. Te extenderá más allá de tus expresiones naturales. Requerirá denuedo donde una vez tuviste miedo. Puede incluir una oportunidad de servicio en un área en la que nunca pensaste que servirías. El Espíritu te sorprenderá de una manera única cuando le permitas saturarte de su viento y su fuego.

EL VIENTO Y FUEGO EN TODOS NOSOTROS

Dios no quiere más programas, más personalidades ni más plataformas. Él quiere que el Espíritu Santo se mueva en su Iglesia de tal manera que la cultura que nos rodea solo pueda voltear la cabeza hacia nosotros y decir: "Tienen una gran influencia".

Basta solo con dar una mirada a nuestra cultura actual para que todos sepamos que necesitamos desesperadamente la plenitud del Espíritu en cada uno de nosotros como individuos y como iglesias colectivamente porque enfrentamos enormes retos. Nuestras familias, nuestras comunidades y nuestra nación tienen muchos problemas complicados. Sin embargo, nosotros, los seguidores de Cristo, somos los elegidos para hacer avanzar la agenda del reino de Dios mediante la promoción de soluciones del reino al caos de la vida en nuestra tierra. La manera de hacerlo es priorizar la presencia del Espíritu para que Él pueda ser libre de marcar el comienzo de un cambio radical en una cultura que se está desmoronando ante nuestros propios ojos.

Cuando los jugadores de béisbol lanzan cada balón o los mariscales de campo completan cada pase, la gente dice cosas como: "Están en la zona óptima". En otras palabras, están en un estado donde todo fluye y converge a la perfección. El Espíritu Santo puede hacer lo mismo por ti y por mí. Puede hacer lo mismo por nuestras familias, nuestras iglesias y nuestros ministerios. El Espíritu quiere que todos nosotros, como seguidores del reino, vivamos en la zona espiritual óptima. Nos quiere en su fluir. Quiere que mantengamos nuestros tanques tan llenos de Él que pueda alimentar nuestros pensamientos y nuestras decisiones para la gloria a Dios y el bien a los demás.

Nuestra cultura está en decadencia. Nuestro mundo está en caos. Nuestros enemigos de la fe se están volviendo más audaces que nunca, pero podemos ser de influencia cuando permitimos que Dios nos llene con su Espíritu de tal manera que operemos en la zona óptima. Es en la zona óptima de su reino donde se encuentran las verdaderas soluciones. En la zona óptima de su reino, es posible la verdadera estabilidad. Y cuando estemos en la zona óptima de su reino, el mundo sabrá dónde estamos parados. El secularismo, el socialismo, el comunismo e incluso el capitalismo no pueden interferir con el reino de Dios y su pueblo cuando fluimos en el poder de su Espíritu.

Dios llama a esta realidad ser parte de su reino inconmovible. Leemos al respecto en Hebreos 12:28-29: "Así que, recibiendo nosotros un reino inconmovible, tengamos gratitud, y mediante ella sirvamos a Dios agradándole con temor y reverencia; porque nuestro Dios es fuego consumidor". Tú y yo pertenecemos a algo que el mundo ya no puede manipular. Formamos parte de algo que la política no puede invadir. Como seguidores de Cristo, somos parte del gobierno inquebrantable del reino de Dios. Esto debería darnos más coraje. Debería animarnos a vivir una vida fiel bajo su dirección y cuidado. Debería motivarnos a buscar la llenura del Espíritu como una parte regular de nuestras vidas.

En Hechos 2, la iglesia se veía bien y glorificaba a Dios porque ardía con el viento y fuego del Espíritu Santo. No debemos hacer menos hoy. Los demás deberían ver lo que está pasando en nuestras vidas, nuestros hogares, nuestras iglesias y nuestros ministerios, y preguntar cómo pueden ser parte de ello. Deberían querer saber cómo hicimos lo que hicimos, porque cuando la Iglesia y sus miembros estén tan llenos del Espíritu Santo, el mundo se dará cuenta. Se producirá un gran impacto. La transformación se extenderá sobre nuestra tierra y alrededor del mundo a medida que el pueblo de Dios, lleno del viento y fuego de su Espíritu, dé a conocer sus obras para la gloria de su nombre y el avance de su reino en la tierra.